- Alfred Groff -

DREIKLÄNGE, TRIADEN
und rotierende
TETRAEDER

Der Mensch der Zukunft:
Haben, Werden und Sein im Einklang

Polaritäten, wie *Gut* und *Böse*,
gibt es nur als subjektive Bewertungen.
Objektiv gibt es drei Kräfte:
Evolution, Involution und individuelle *Freiheit zur Entwicklung*.
Negative Gedanken, Gefühle und Willenskräfte gehören
zur Involution. Freude, Humor und Kunst fördern Evolution.

"Be creative … Be On-Line … Be in Love!"

Bibliografische Information der Deutschen Nationalbibliothek.
Die Deutsche Nationalbibliothek verzeichnet diese Publikation
in der Deutschen Nationalbibliografie; detaillierte bibliografische
Daten sind im Internet über www.dnb.de abrufbar.

ISBN 978-3-7557-2791-0

Herstellung und Verlag:
BoD – Books on Demand, Norderstedt

Einen herzlichen Dank an Albine, Gertrude, Martin, Paul und
Petra für ihre Verbesserungsvorschläge.

Im ,Haus des Zukunfts-Menschen', der ehemaligen Tetranthropos-WG, durchflutete Sonnenlicht das ganze Gebäude. Alle Zwischenwände und Decken im zentralen Teil des Untergeschosses des tetraedrischen Baus waren aus Glas. In diesem Raum stand ein großer runder Tisch. In seine Mitte war ein Muster geschnitzt: eine Rose. Von deren Zentrum aus zeigte ein ,T' in jede der vier Himmelsrichtungen. Zusammen bildeten sie ein Kreuz. Das ,T' stand sowohl für Tetranthropos, als auch für ,Thema'. Als Erinnerung, bei Gesprächen beim Thema zu bleiben. So wie es im ,Bohmschen Dialog' praktiziert wird: ein Thema gemeinsam weiterzuentwickeln, statt aufeinander zu reagieren. Die fünf Elemente der Schnitzerei symbolisierten den Menschen, als Mittelpunkt zwischen der weltlichen Horizontale und der geistigen Vertikale. Der Tisch war rund wie die Erde und forderte auf, die weltzentrische Sichtweise nicht aus den Augen zu verlieren.

Um den Tisch hatten sieben Menschen Platz genommen: Randy, der ,Beobachter' sowie drei Frauen und drei Männer, die sogenannte ,gelbe Fraktion': Theophanis, auch T-Man genannt, ein Fan von Triaden und Tetraedern; Georg, immer voller Lebenswillen und Freiheitsdrang; Gertrude, intuitiv-kreative Guitarlady; Cantara, Freidenkerin und Künstlerin; Pietro, der sogenannte ,Schattendenker' mit seinem Triadensymbol-Tattoo, ein Dreieck für Himmel, Erde und Menschheit; Kushala, Lehrerin, immer mit einem offenen Ohr für Fragen der Kultur, der Bildung und des Bewusstseins.

Randy war von mittlerer Statur, eher drahtig, mit langen blonden Locken. Er hatte große braune Augen und ein markantes Kinn. Ein Skorpion-Tattoo schmückte ein Handgelenk, am anderen trug er eine grobe Kette mit einer weißen Schlange. Er durchschaute seine Mitmenschen schnell und konnte ihre Schwachstellen aufdecken. Er begrüßte alle auf seine herzliche Art und eröffnete den Austausch zum Thema **,Menschsein, Zahlen und Klänge'**. Der heutige Arbeitstitel lautete: **,Haben, Werden und Sein im Einklang'**.

„Wie geplant, werden wir heute drei Impulsvorträge hören und versuchen, die Aufgabenstellungen des Tages voranzubringen. Wie gewohnt benutzen wir dabei die Technik des Bohmschen Dialoges.

Im Gespräch wollen wir gemeinsam denken und die Sachlage miteinander erkunden, um bestmögliche Antworten auf die gestellten Fragen zu erarbeiten. Ihr kennt alle die Spezifitäten dieser Art der Kommunikation. Ich möchte sie trotzdem nochmals ins Gedächtnis rufen: Zunächst muss jeder sich selbst zuhören, bevor er den anderen zuhören kann. Welche inneren Bewegungen, Gedanken und Bewertungen entstehen in mir, wenn ich zuhöre? Normalerweise reagieren wir sofort, nachdem jemand seinen Standpunkt dargelegt hat, indem wir innerlich argumentieren, eine Entgegnung vorbereiten, zustimmen oder ablehnen, bewerten. Diese automatischen inneren Reaktionen wollen wir aber abstellen, also irgendwie innerlich schweigen, um das, was wir vom Gegenüber hören, wirklich bei uns ankommen zu lassen. Wir versuchen, nach dem Zuhören nicht mit Kritik zu antworten. Wir wollen einfach das Vorgetragene respektieren. Normalerweise erzählen wir gleich unsere Assoziationen zum Gehörten, stellen uns selbst in den Mittelpunkt, aber das bringt die Sachfrage keineswegs weiter. Wir müssen lernen, vor allem zum Thema zu sprechen. Was könnte dieses weiterbringen? Wenn mein intendierter Beitrag das nicht tut, stelle ich ihn zurück. Man kann sich vorstellen, ihn vorerst auf eine Wäscheleine zu hängen. Wenn ich allerdings was Wichtiges in mir spüre, von dem ich denke, es wurde noch nicht bedacht und es hilft, das Thema zu vertiefen oder zu klären, werde ich das sagen oder Fragen dazu stellen.

Wir werden einen Rede-Stab benutzen. Wer ihn hat, redet; alle anderen hören zu. Immer spricht nur einer. Die Kommunikation wird somit auch verlangsamt. Ich werde mich heute nicht am Austausch beteiligen, sondern die Rolle des Beobachters übernehmen. Ich habe eine Glocke und wenn ich merke, dass die Regeln, die wir uns gegeben haben, nicht eingehalten werden, werde ich bimmeln. Dann ist eine Minute Schweigen angesagt.

Die sonst üblichen Egoprofilierungen und die Verteidigung der persönlichen Ansichten entfallen somit hoffentlich größtenteils. Ziel ist, nur das zu äußern was dem Thema dient und noch nicht gesagt wurde.

Cantara, willst Du mit Deinem Beitrag rund um die Zahlen beginnen?"

„Ja gerne, Randy. Ich fange mal an, indem ich meine Assoziationen zu verschieden Zahlen vorstelle:

Die 1 steht für **das Ganze.**, aber auch für **Individualität.** Ich WERDE, um die Möglichkeit einer **Individualität** mit BewusstSEIN im SEIN zu HABEN. Im SEIN entspringt WERDEN hin zu wahrem BewusstSEIN durch das Erleben **individuell**er Perspektiven im Umgang mit HABEN, zum Beispiel der Körper in der Raum-Zeit-Dimension. **Das Absolute** SEIN wird nur durch den Menschen selbstbewusst WERDEN können. Der Mensch ist bestimmt, so zu leben, dass das **individuelle** Menschsein, das globale Menschheitssein und das Universum als **Dreiklang im Einklang** tönen können.

Die 2 steht für Polarität. Die 2 steht für Extreme: bleibt man in ihnen hängen, steht Ungemach vor der Tür. Die 2 steht für binäre Systeme, die nur zwei Zustände kennen und dadurch sehr beschränkt sind, auch wenn sie im Speicher eines Computers eine nützliche Rolle spielen.

Ich mag einfach keine Polaritäten. Und kein dialektisches Denken. Weder bei Heraklit mit seiner Auflösung der Widersprüche auf höherer Ebene noch als Synthese der Gegensätze à la Hegel oder als Yin Yang, als ewigen Wechsel im Wandel. Ich stehe auf **tetraedrischem Denken.** Ich sehe immer beide Seiten einer Gegebenheit, aber dazu auch ihre Beziehung und schlussendlich ihre Entwicklung auf einer höheren Ebene. Ein alter Freund sagte mir immer, ein Tetraeder sei wie ein Abbild der Wirklichkeit. Was die Christen als Bild der Dreifaltigkeit Gottes ansehen, existiert auch auf Erden. Alles ist tetraedrisch. Oben die Gegebenheit an sich, unten ihre dreifaltige Entfaltung, als die Polaritäten und deren Beziehung in der Raum-Zeit-Dimension. Rechtmäßig gelebt würde sich dabei das Potential der Liebe, das allem innewohnt, frei entfalten und in der irdischen Realität erstrahlen.

Ich kann nicht bei der 2 stehen bleiben, ich stoße notgedrungen auf die 3 und die 4.

Ich finde Triaden faszinierend. Vater, Mutter und Kind. Freiheit, Gleichberechtigung und Menschlichkeit. Kognition, Emotion und

Motivation. Vater, Sohn und Heiliger Geist. Materie, Energie und Information. Und viele andere mehr. Zwei gibt es für mich eigentlich nicht. Denn wo es zwei gibt, besteht auch deren bewusste oder unbewusste Beziehung in einem gelebten oder potenziellen Beziehungsfeld, … das Dritte.

Ich bin dabei, ein Theaterstück zu entwickeln mit einer Triade als Kernelement. Sein vorläufiger Arbeitstitel lautet: Das Böse. Die drei Hauptfiguren stellen drei der größten Übel der Menschheit dar: Machtgier, Sexexzesse und Geld als Ware. Die münden zwangsläufig in Gewalt, Waffengeschäften und Kriegen, in Pornographie, Ausbeutung und Menschenhandel, in Manipulation, Drogengeschäften und Abhängigkeiten. Die Mehrheit der Menschen wünscht sich zwar Frieden, Lebensfreude und Gesundheit. Doch auch sie selbst sind nicht ohne Makel. Negative Emotionen wie Zornausbrüche, Schimpfen, Meckern, Schuldzuweisungen, Eifersucht … sind bei ihnen ebenso an der Tagesordnung wie eine gestörte Sexualität mit ihren Tabus, Blockaden, Unterdrückungen oder Negationen in Form von Gut- und Saubermenschspielchen. Wer ist schon frei von unnötigem Konsum in Form von Frustkäufen, ungesundem, maßlosem Essen und zu vielem Trinken?"

Randy läutete die Glocke: „Cantara, nichts gegen Essen und Trinken, aber dein Thema sind eigentlich die Zahlen."

„Touché, Randy. Ich habe mich jetzt mitreißen lassen … Im Energiefeld von zwei zusammenhängenden Gegebenheiten ergibt sich die Vielfalt der Möglichkeiten. Ihre Beziehung ermöglicht das Entstehen von etwas Neuem - das Ganze ist mehr als die Summe seiner Teile. Geschieht der Prozess im Namen der Liebe kann sich das ‚Höhere' manifestieren.

Der Mensch ist ein dreigliedriges Wesen. Und zwar auf drei Ebenen: der sozialen, also der gesellschaftlichen, dann der inneren persönlichen und schlussendlich der transpersonalen, geistigen Ebene. Wenn auf der jeweiligen Ebene die drei Glieder zusammenarbeiten für das gemeinsame Ziel, dann erfährt der Mensch seinen wahren Lebenssinn. Und das Lebensziel heißt auf allen drei Ebenen: Liebe. Nachher wird Kushala mehr darüber vortragen.

Kommen wir von der 3 zur 4. In einer Ebene spannen vier Punkte ein Viereck auf und im Raum lassen sich maximal vier Punkte im gleichen Abstand zueinander anordnen, die dann ein Tetraeder, einen Körper mit vier gleichen dreieckigen Seitenflächen bilden. Bringen ‚drei' die 4 auf einer höheren Ebene hervor? Welche Rolle spielen die Dreifaltigkeit und die Dreigliederung für die Entwicklung des Menschen, der Gesellschaft und des Universums? $3+4=7$ und $3x4=12$ … aber ich glaube, ich halte jetzt mal inne, bevor ich zur 5 komme und überlasse Georg das Wort für seinen Exkurs mit dem Titel ‚Integrale Dreigliederung zum vierten Weg als Inspiration für die Tat'.

„Die beiden Weisheitslehrer Rudolf Steiner und Georges Gurdjieff stellen in ihrem Werk die Wichtigkeit von Triaden heraus. So ergänzt beim Menschen der Wille das Denken und das Fühlen auf der seelischen Ebene. Jede Entwicklung braucht aber das Vierte auf einer anderen Ebene. Wir benutzen das Tetraeder, um diesen Tatbestand zu illustrieren. Beim Menschen kann es auf der körperlichen Ebene zur Tat kommen oder auf der geistigen Ebene zum Kontakt mit dem wahren Ich.

So betonte Steiner, dass in gesellschaftlichen Belangen der soziale Organismus nicht isoliert von der seelisch-geistigen Welt zu betrachten sei. Nicht nur horizontal in seiner Dreigliedrigkeit, sondern auch vertikal in seiner Viergliedrigkeit müsse er verstanden werden. Die ‚soziale Skulptur' kann Form annehmen.

Wenn die drei Hauptaspekte der Seele in eine gemeinsame Richtung zusammenarbeiten, kann es zu einer sinnvollen kohärenten Tat kommen. Der Künstler Joseph Beuys sprach oft von der Triade Chaos-Bewegung-Form. Wenn wir als Mensch die Integration dieser Triade innerlich meistern, werden wir zum ‚**Tetranthropos'**, dem bewusst handelnden Menschen. Nun sind wir bereit, in einer weltzentrischen Sichtweise, das Zusammenleben in eine sinnvolle Form zu bringen, in der Menschen, Tiere und die Natur oder die Kultur, die Politik und die Wirtschaft ihren angemessenen Platz haben werden. Georges Gurdjieffs Kernaussage war, wir würden funktionieren wie Maschinen. Oft unbewusst, reaktiv, mechanisch, automatisch, wie im Tiefschlaf.

In einem Vortrag in Wangen mit dem Titel ‚Die Frage nach dem Sinn der Technik' sann Johannes Stüttgen, Meisterschüler von Joseph Beuys, über Andy Warhol's Spruch ‚I would like to be a machine' nach. Wenn du das sagen kannst, heißt das, dass du ein Mensch bist. Was für eine provokante Aussage. Normalerweise sagen aber Menschen: ‚Ich will keine Maschine sein'. Sie haben unbewusst Angst, eine zu werden. Sie merken, wie unfrei sie in ihrem Handeln sind. Manche Menschen versuchen zwar, unter großen Mühen ihr Bewusstsein zu erweitern. Das ist lobenswert und sinnvoll. Doch etwas könnten wir von den Maschinen lernen. Maschinen sind selbstlos und dienen! Wenn ein Mensch dienen will, braucht er die Sensitivität herauszufinden, was dazu notwendig ist. Was braucht das Leben, die Pflanze, das Tier, der Mitmensch? Verstehe ich fremdes Wollen ebenso wie mein eigenes?

Was benötigt der heutige Wandel in der Welt? Integrale Politik? Eine Politik, die kreative Impulse aus allen möglichen Perspektiven zu einem Gesamtkunstwerk zusammenschmiedet? Statt Parteipolitik mit Opposition, um der Opposition willen? Wie können wir zu individuellem Bewusstsein gelangen? Unsere Kreativität und Potentiale entwickeln und für eine nachhaltige Zukunft zusammenarbeiten, in der der Mensch und die ihn tragende Natur im Mittelpunkt stehen? Fragen überladen mit Fragen.

Multiperspektivische integrale Wandlungsprozesse und der Sprung vom unbewussten Reagieren zum bewussten Agieren stehen im Fokus dieser Überlegungen. Wenn wir vom Denken und Fühlen direkt zur Tat schreiten, lassen wir **den bewussten Willen** außen vor. ‚Denken, Fühlen und Tun' werden oft in einem Atemzug genannt. Die Ebenen werden vermischt. Das Wollen wird dabei vergessen. Dann agieren oder, besser gesagt, reagieren wir auf dem Niveau einer Maschine.

Georg schloss seinen Beitrag mit den Worten:

Denken erstrahle Licht der Weisheit,
Gefühl leite Liebe zur Allverbundenheit,
Wille bringe Energie auf den Punkt.

Bringe Du diesen Dreiklang zum Einklang
als Leit-Bild für Menschliche Tat-Kunst!"

Nach einem Moment der Stille fuhr Cantara fort: „Die Zahl 5! Die Fünf ist in vielen östlichen und westlichen Kulturen die Zahl der Liebe, als unteilbare Summe der männlichen Zahl drei und der weiblichen Zahl zwei. Fünf ist die Zahl des MENSCHen, des Mikrokosmos, zugleich aber auch die der Wahlfreiheit. Rudolf Steiner sagte: ‚Der MENSCH hat sich zu einer Vierheit entwickelt, zu einem Wesen der Schöpfung, aber auf der Erde tritt zu ihm das fünfte Glied, das Geistselbst. Er ist dadurch frei geworden, dass er auf der Erde die Keimanlage zu dem fünften Glied, dem Geistselbst, bekommen hat. Ich persönlich unterscheide folgende fünf Ebenen des MENSCHseins: die sozial - äußere, die körperlich - materielle, die innerlich - seelische, die integral - beobachtende und die universell - geistige.

Ihr wisst, dass ich mich am liebsten ‚Bewusstseinsarbeiterin‘ oder ‚Bewusstseinskünstlerin‘ nenne. Und unter Bewusstsein verstehe ich etwas anderes als das Gegenteil von bewusstlos, im Sinne von komatös!

Anhand eines Bildes kann ich dir das am besten beschreiben. Ich habe es hier an die Wand gehängt. Stell dir eine von Pferden gezogene Postkutsche vor, mit einem Kutscher und einem Passagier. Diese Konstellation steht für den ganzen Menschen. Die Kutsche stellt den

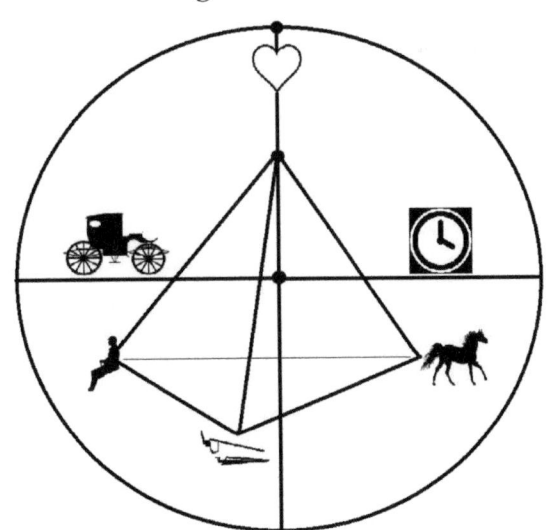

menschlichen Körper dar, der Kutscher den Verstand, die Pferde den Willen. Der Passagier steht für das höhere Ich, die wahre Essenz, das, was du von Geburt an Besonderes bist, was nur du in die Welt bringen kannst.

Wir wissen, dass jeder Mensch einen positiven inneren Kern hat, in dem viele unentdeckte oder unentwickelte Schätze schlummern. Ich nenne diesen Kern gern ‚**meinen transpersonalen Kern**‘. Es ist das große Lebensgeheimnis, dieses Paradox, das einerseits persönlich, andererseits viel größer als deine individuelle Person ist, eingebettet in das wundersame Universum des Seins.

Jetzt noch etwas zu den Gefühlen. Gefühle, Emotionen und Stimmungen hängen eng zusammen mit Beziehungen und Kommunikation. Beim Kutschengleichnis ist es so, dass es kaum ordentlich funktionieren kann, ohne diese Gefühlskomponenten zu beachten. Es gibt sie auf verschiedenen Ebenen: der Dialog zwischen Kutscher und Passagier, also dem was man denkt und dem was man in seinem Innersten unabhängig von äußeren Einflüssen wirklich ist. Das Zaumzeug mit den Zügeln ermöglicht den Austausch zwischen dem Verstand und dem Willen, also zwischen Kutscher und Pferden. Dann ist da noch der Bock oder der Sitz, die Verbindung von Kutscher und Kutsche, von Verstand und Körper. Zu guter Letzt die Deichsel zwischen Kutsche und Pferden, zwischen Körper und Willen. Das Bild fasziniert mich einfach. Dann denke ich noch an die Straße, die für die Umgebung, die Natur stehen könnte. Gurdjieff bediente sich eines ähnlichen Bildes, um eine andere Perspektive des Menschen darzustellen. Im Bild an der Wand finden wir die 5: das höhere geistige Ich, das seelische Denken, Fühlen und Wollen und der Körper des Menschen. Die Horizontale, der Weg, die Umwelt stellen die räumlich-zeitliche Dimension dar, die Vertikale die liebevolle Inspiration aus dem geistigen Ganzen.

Was bedeutet für mich nun die 7? Allgemein gilt die Sieben als heilige Zahl und als Symbol der Vollkommenheit und der Weisheit. Sieben ist die Grundzahl unseres Sonnensystems. Den sieben erdnächsten Himmelskörpern unseres Planeten, werden die stärksten Einflüsse auf das Leben auf der Erde zugesprochen. In der Musik besteht eine

Oktave aus sieben verschiedenen Schwingungsfrequenzen, sprich Tönen. Mit einem Prisma kann man das Sonnenlicht in sieben Farben zerlegen. Die 7 drückt demnach ein allgemeines Lebensgesetz aus.

Bei einem Tetraeder sehe ich sieben Linien: die sechs Kantenlinien und die mittlere Achse. Die Halblinie von einer Kantenecke zur Achse ist der ‚Sprung über den Abgrund‘. Die Symbolik der 0, wie sie im Tarot zu finden ist, spielt hier eine Rolle: ‚**der Weg des Narren**‘, der für Neubeginn, Sorglosigkeit, Unbefangenheit und Unbekümmertheit, Vertrauen in die Welt, Neugier und Experimentierfreude steht. Nur wenn ich dies einbeziehe, kann ich ein Tetraeder mit einem Strich zeichnen, ohne den Stift zu heben.

11

Bei der 8 kommt mir 3x8 in den Sinn: ein Tag mit seinen 24 Stunden: Acht Stunden schlafe ich. Wenn ich mich während acht Stunden den Alltagsverrichtungen für mich und meine Umgebung, widme, was tue ich dann mit den acht verbliebenen Stunden? Habe ich für sie individuell-subjektive Ziele, die ich frei ausgewählt habe? Mein ‚Projekt'? Oder warte ich, dass mich irgendwer oder etwas ruft und zu einer Aufgabe auffordert? Das kann dauern …!

Bei der 9 denke ich natürlich an Gurdjieff´s Enneagramm mit der Zahlenfolge 1-4-2-8-5-7 und dem Dreieck 3-6-9. Ob 1-4-2 für die Persönlichkeit, die 8-5-7 für die Essenz oder für den Körper mit Hirn-Herz-Gliedmaßen und die 3-6-9 für das Geistige oder was auch immer steht, sei hier mal außer Acht gelassen.

Bei der 9 kommt mir auch das AQAL-System von Ken Wilber in den Sinn. Das mag euch überraschen, da dort die Quadranten mit den vier Perspektiven innen/individuell, innen/kollektiv, außen/individuell und außen/kollektiv definiert werden. Ich bevorzuge, wenn es um den Menschen geht, die Begriffe ‚Enneant' oder ‚Nonant' statt Quadrant. Ich nehme nämlich als zusätzliche Dimension der Wirklichkeit die Beziehungen der vier genannten Aspekte hinzu, ebenso den Kontext, das Energiefeld, in dem das Ganze stattfindet. Auf meinem zweiten Aushang habe ich das veranschaulicht.

Individuelle Seele: BEWUSSTSEIN	Beziehung Seele - Körper	Individueller Körper: VERHALTEN
innere Beziehung Individuum - Gesellschaft	natürlicher KONTEXT: Energiefeld(er) / Natur / Universum	äußere Beziehung Individuum - Gesellschaft
Gesellschaft / Kollektiv: KULTUR	Beziehung Kultur- Systeme	Gesellschaft / Kollektiv: SYSTEME / Strukturen

Die Zahl 12 ist die Zahl der Apostel und der Tierkreiszeichen. Man sagt, dass 3 x 4 die Vereinigung der dreifaltigen Gottheit mit der materiellen Welt darstellt und sie somit die Zahl für das vollständig Gewordene sei.

In der Astrologie haben wir es mit den vier Elementen zu tun, jeweils mit drei unterschiedlichen Qualitäten. Somit finden wir die zwölf wieder, um die Wirklichkeit darzustellen. Was verbindet die Tonarten mit dem Kosmos? Unter dem Motto ‚Die Welt ist Musik und Musik ist Zahl' betrachteten schon die Pythagoräer das Studium der Musik als Schlüssel zur Erkenntnis des Kosmos. Die Zahl lebt in uns und ist in uns wirksam, wie in der Musik! Es gibt zwölf chromatische Halbtöne, zwölf Dur- und zwölf Moll-Tonarten und zwölf Tierkreiszeichen. Die Tonarten stehen wie die Tierkreiszeichen in Beziehung zum Jahreskreis mit seinen zwölf Monaten. Jede Tonart steht für einen bestimmten seelischen Ausdruck.

Mehr möchte ich jetzt nicht über die Zwölf erzählen und übergebe an Kushala, die hier anknüpfen wird. Danke fürs Zuhören. Nachher können wir gerne über all das diskutieren."

Kushala ergriff das Wort: „Ich habe gedacht, drei Impulsvorträge sind etwas viel, so direkt hintereinander. Ich habe mich deswegen entschieden, zwischen Cantaras und T-Mans Beiträgen beim Thema ‚**Die 12 Aspekte des Menschen**' etwas aktiver vorzugehen. Zunächst mit einem Spiel, dann einer Meditation, gefolgt von einer sinnlichen Erfahrung und abschließend mit einigen visuellen Betrachtungen.

Zunächst möchte ich Euch die ‚**Landkarte des Menschen**' vorstellen.

„Die Landkarte des Menschen muss man sich dreidimensional vorstellen. Sie ist grob gesehen dreigegliedert und besteht aus drei übereinandergestellten Tetraedern. Das untere Tetraeder steht für gesellschaftliches äußeres Handeln, das mittlere für inneres, persönliches Erleben und das obere für den transpersonalen Wesenskern. Der Berührungspunkt der beiden unteren Tetraeder stellt den menschlichen Körper als Teil der Natur dar. Der Übergang vom mittleren zum oberen Tetraeder wird vom multiperspektivischen integralen Zeugen-Ich überwacht. Man könnte vereinfacht sagen: der Mensch ist ein körperliches, seelisches und geistiges Wesen. Er hat das Potential, diese drei Zentren miteinander zu koordinieren und sie aktiv handelnd in den Dienst der absoluten Liebe zu stellen."

Sie zeigte ein kleines Modell mit einem Tennisball als Zeugen-Ich. „Auf die Wand habe ich eine zweidimensionale Version der ‚Landkarte des Menschen' mit ihren zwölf Hauptdimensionen eines Individuums aufgehängt.

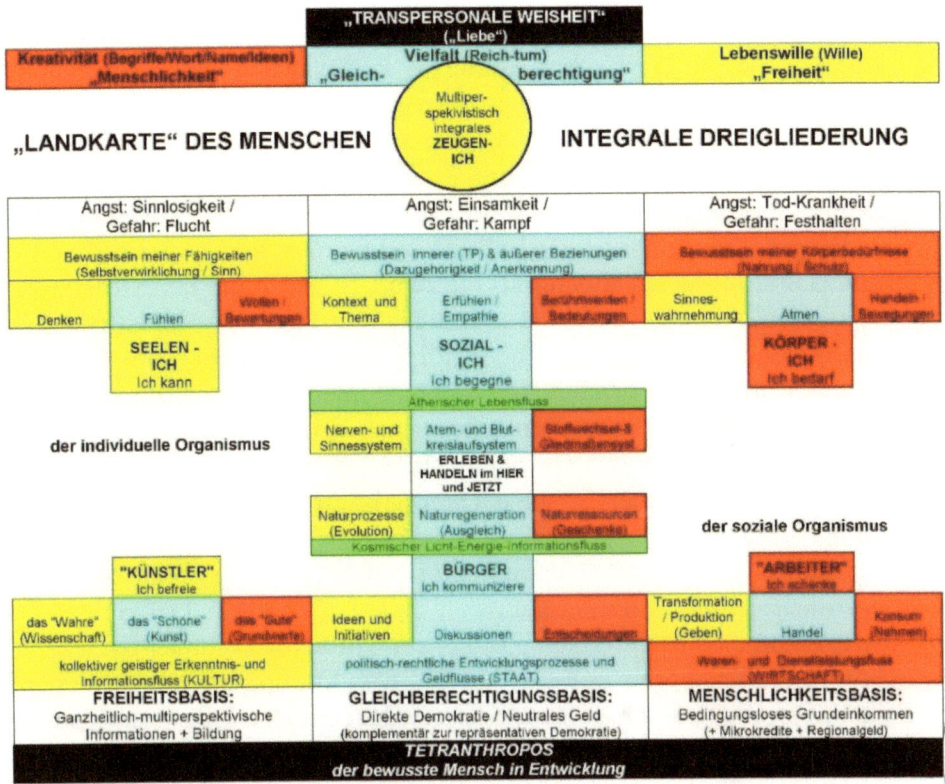

Viele Menschen sehen bei sich und andern nur die eine oder andere Dimension und glauben, vom ganzen Menschen zu sprechen. Aber das ist eine Täuschung, denn eine Teilwahrheit kann nie die Wahrheit sein. Ich habe die individuelle, die soziale und die spirituelle Ebene des Menschen genannt. Der individuelle Mensch steht zwischen seiner spirituellen und seiner körperlichen Natur. Wir stellen uns, wie gesagt, den Menschen als drei übereinanderstehende Tetraeder vor. Die Spitze des spirituellen Tetraeders stellt die transpersonale Weisheit

15

dar, die sich dreigliedert in Lebenswillen, Vielfalt und Kreativität. Die Spitze des individuellen Tetraeders, der das Innenleben des Menschen repräsentiert, ist das Zeugen-Ich, dreifach unterteilt in Seelen-Ich, Sozial-Ich und Körper-Ich. Und zu guter Letzt steht an der Spitze des sozialen Tetraeders, der unser Leben in einer Gesellschaft darstellt, der menschliche Körper. Mit diesem Körper sind wir als soziale Künstler tätig in der Kultur, als Bürger im Staat und als Arbeiter in der Wirtschaft. Jeden dieser zwölf Aspekte kann man wieder dreigliedern. So zum Beispiel das Seelen-Ich in Denken, Fühlen und Wollen."

Kushala formte mit vier Holzstäben ein Quadrat am Boden des Raumes. Dann legte sie zwölf weiße, etwa kartoffeldicke Steine hinein und sagte: „Jetzt bitte ich euch, Eure Aufmerksamkeit zu teilen. Die eine Hälfte tut nichts anderes als die zwölf Steine in diesem Areal zu betrachten, zu meditieren. Die andere Hälfte ist aufmerksam auf das, was ihr denkt, was ihr fühlt oder körperlich spürt. Jeder von euch kann, so oft er will, jeweils einen Stein an einen anderen Platz innerhalb des Quadrates legen. Beobachtet euch dabei, macht es langsam und bewusst. Was geschieht, wenn ihr wieder sitzt und weiter die zwölf Steine betrachtet? Erst nach einer Minute darf wieder ein Stein verlegt werden."

Immer wieder stand einer auf und verlegte einen der Steine. Aber eigentlich sah Randy immer nur zwölf Steine im Quadrat. Das verhinderte nicht, dass nachher heftig diskutiert wurde mit Argumenten wie ‚Du hast meinen Stein verlegt', ‚warum hast Du mir einen Stein vor die Füße gelegt', ‚Du hast mein Kunstwerk zerstört' …. Bewertungen über Bewertungen, alle subjektiv. Emotionen wurden angeheizt. So schafft man Probleme in der Welt. ‚Probleme, die eigentlich nicht da wären, würde man sie nicht selbst kreieren', dachte Randy.

Nach einer Pause, um die Gemüter zu beruhigen, leitete Kushala die angekündigte Meditation mit folgenden Erläuterungen ein: „In unserer Meditation geht es um die sozialen, personalen und transpersonalen Ebenen des Menschen. Man könnte sagen, um elf Aspekte des Menschseins. Den zwölften Aspekt, unseren höchsten geistigen Wesenskern, lassen wir heute außen vor."

Georg hielt eine Tafel mit elf Feldern in fünf Zeilen und drei Spalten hoch. Kushala erklärte, dass die eben genannten Ebenen durch die untere, mittlere und obere Zeile repräsentiert würden.

„Die zweite Zeile von unten stellt den menschlichen Körper als Teil der Natur dar, die zweite Zeile von oben den inneren Beobachter in uns."

Mit dem Finger wies er auf drei schwarze Rechtecke auf der Tafel. „Ihr seht auf der Tafel drei schwarze Felder. Georg hat fünf solcher Tafeln und diese schwarzen Felder sind jeweils an einer verschiedenen Stelle. Er wird eine nach der andern hochhalten. Ich werde euch bitten, bei jeder Tafel die schwarzen Felder in einer anderen Farbe zu visualisieren, die ich euch nennen werde. Wofür die Farbe steht, werde ich euch ebenfalls schildern. Also die Bedeutung der Farbe ..."

Kushala warnte die Anwesenden, dass das noch nicht alles sei.

„Es gibt drei Tafeln mit drei schwarzen Feldern. Für jedes Feld werde ich diverse Begriffe anführen, jeweils für die soziale, personale und transpersonale Ebene. Zwei Tafeln haben nur ein schwarzes Feld. Meditiert diese Begriffe in Zusammenhang mit der Farbe und ihrer Bedeutung. Denkt nicht weiter darüber nach, sondern konzentriert euch voll auf die gestellte Aufgabe. Teilt eure Aufmerksamkeit und beobachtet die inneren Stimmen, die euch bei der Meditation stören wollen. Lasst sie einfach reden und gebt ihnen keine Energie."

Inzwischen war Randy eingenickt und in seine Traumwelt abgetaucht. Er nahm nicht mehr wahr, als Georg die erste Tafel hochhielt und Kushala sagte:

„Farbe und Bedeutung der drei schwarzen Felder:
Gelb und Freiheit.

Begriffe für die soziale Ebene: *Fähigkeiten befreien, ... etwa ein kreativer Künstler sein oder ein Wissenschaftler auf der Suche nach der Wahrheit.*"

Etwas später nannte Kushala für die personale Ebene die Begriffe „*Seelen-Selbst, Bewusstsein der eigenen Fähigkeiten, Selbstverwirklichung und Lebenssinn.*"

Hierauf „*Lebenswille*" für die transpersonale Ebene.

Als nächstes hielt Georg die zweite Tafel hoch:

„*Blau und Gleichheit vor dem Recht .... auch Gleichmut*".

Kushala fügte hinzu: „Begriffe für die soziale Ebene: *ein kommunizierender Bürger sein, ... das Recht auf Teilhabe in der Gesellschaft haben und ausüben.* ...

Begriffe für die personale Ebene: *Sozial-Selbst, Bewusstsein innerer und äußerer Beziehungen, Inklusion und Anerkennung, Empathie.*" ...

Begriffe für die transpersonale Ebene: *Vielfalt des Seins, Reichtum der Schöpfung, König-Reich.* ..."

Georg zeigte die dritte Tafel und Kushala sagte dazu die Worte:

„*Rot und Menschlichkeit, Solidarität oder auch Brüderlichkeit.*"

Sie stellte folgende Begriffe für die soziale Ebene dar: *„ein Arbeitender sein, ein Produzent von Gütern und Dienstleistungen und gleichzeitig ein Konsument sein ... Geben und Nehmen.* ...

Begriffe für die personale Ebene: *Körper-Selbst, Bewusstsein für die physischen Bedürfnisse und Bewegungen.* ...

Begriffe für die transpersonale Ebene: *Kreation und die Kreativität, Ideen und Begriffe.* ...“

Als Georg die Tafel für *"Orange und den Zeugen"* hochhielt, sprach Kushala von dem Begriff der Brücke zwischen dem gelben personalen Potential und der roten Kreativität.

Bei der Tafel für *"Grün, die Natur und den Körper"* sagte Kushala: "Der zu meditierende Begriff ist der einer weiteren Brücke ... derjenigen zwischen innen und außen."

„Zum Abschluss möchte ich euch anregen, noch folgende Unterfarbengedanken zu eruieren, wie zum Beispiel blau in gelb oder rot in blau.

Um meinen Vorschlag zu konkretisieren, könnte ich zum Beispiel einen ‚blauen‘ demokratischen Prozesses nehmen, der innerhalb der Bürgerschaft stattfindet. ‚Gelb‘ wäre dann die Idee oder die Initiative, ‚blau in blau‘ die Diskussionsphase über den Vorschlag und ‚rot‘ der Entscheidungsprozess.

Genug der Worte. Lasst uns in die sinnliche Erfahrung gehen. Gewährt mir ein paar Minuten. Ich spiele euch zwölf verschiedene Musikstücke vor, zu denen wir uns im Raum bewegen können. Gebt euch den verschiedenen Stimmungen hin. Spürt euch mit all euren zwölf Sinnen. Den Leibessinnen: Tastsinn, Lebenssinn, Eigenbewegungssinn und dem Gleichgewichtssinn. Dann den Sozialsinnen: Geruch, Geschmack, Sehen und der Wärmeempfindung. Zuletzt den Erkenntnissinnen: Lautsinn, Wortsinn, Gedankensinn und dem Ichsinn mit seiner totalen Empathie für das Wesen der anderen Menschen. Rudolf Steiner, der diese Einteilung vorgenommen hat, sagte einmal: ‚Wenn ein Mensch im Ton künstlerisch tätig ist, ist er gleichsam mit seinem Ohr am Herzen der Natur.‘ Also lasst die Musik in euch Teil des schwingenden Weltalls sein.‘

So, kommen wir zum letzten Teil meiner Präsentation. Ich werde die schon an den Wänden hängenden drei Bilder durch weitere ergänzen. Es geht um die Zukunft unserer Gesellschaft. Zunächst seht ihr hier die

‚Landkarte der Gesellschaft‘

mit drei Spalten: die Freiheitsspalte mit der gelben Kulturzelle, die Gleichberechtigungsspalte mit der blauen Staatszelle und die Solidaritätsspalte mit der roten Wirtschaftszelle. Und dann zwei Darstellungen des ‚Lebensmandalas‘.

Das ‚Lebensmandala‘

stellt den spirituellen Weg ins ZENTRUM der Lebensbemühungen dar. Schlussendlich ist dies das eigentliche Ziel und der Sinn des Lebens. Mit anderen Worten: es geht um das „Ich bin“, das heißt die eigenen Potentiale entdecken, entfalten, entwickeln und mit den Mitmenschen teilen. Alltagsangelegenheiten sind unumgänglich, aber von sekundärer Wichtigkeit. Die Persönlichkeit tritt dabei in den Dienst der individuellen Essenz. Das ist LIEBE!

Die vier HAUPTBEREICHE Kultur, Staat, Wirtschaft und Natur sind idealerweise in Form eines Tetraeders dargestellt. Die drei erstgenannten Bereiche, die gesellschaftlichen Bereiche, werden auf unserem Planeten im Rahmen der Natur gelebt. Diese ist auf einer ANDEREN EBENE einzustufen, da sie die Basis für die gesellschaftlichen Angelegenheiten darstellt. Die Natur befindet sich in diesem Modell auf der nach unten weisenden Spitze des Tetraeders.

Ähnlich verhält es sich mit den menschlichen Seelenaspekten Denken, Fühlen und Tun. Auch sie können anhand eines Tetraeders dargestellt werden. Die ersten drei Dimensionen, die inneren Bereiche des Menschen, sind diesmal die Basis für das Modelltetraeder, an dessen Spitze sich der Körper und seine Handlungen befinden. Denken, Fühlen und Tun werden oft in einem Atemzug genannt. Die Ebenen werden vermischt und dabei das Wollen gänzlich vergessen.

Die UNTERBEREICHE und konkreten Vorschläge des Handelns sind im ersten Mandala ausgeblendet. Diese findet man im zweiten Mandala abgebildet.

Natürlich sind die vier Bereiche als GANZES zu sehen. Meist, wenn nicht immer, kann ein Ereignis in einem Bereich nicht unabhängig von den drei andern gesehen werden. Sie stehen in Beziehung.

Die Pfeile im Mandala stellen die Beziehungen innerhalb eines Bereiches dar (Beispiel: Familie, Arbeit ... und Handel), aber es gibt natürlich auch welche zwischen den Bereichen und idealer Weise zum Zentrum. Die Wirtschaft zum Beispiel erhält ihre Rahmenbedingungen von den staatlichen Gesetzen. Der Staat erhält Steuern aus dem Wirtschaftsbereich. Die Produkte haben ihren Ursprung in der Natur, brauchen aber auch die Fähigkeiten aus dem kulturellen Bereich in Form der Fähigkeiten der Menschen. Der Mensch wiederum benötigt die Wirtschaft, um seine Bedürfnisse zu erfüllen. Und eine wichtige Frage: Dient die Wirtschaft dem Geld oder dem Leben?

In jedem Bereich sind die andern als Unterbereiche zu finden. So gibt es zum Beispiel in einer Schule, an der das Kulturelle, die Bildung im Vordergrund steht, natürlich auch Rechtsfragen (Verträge) und wirtschaftliche Fragen.

Jeder Bereich muss seine Angelegenheiten AUTONOM ausüben können. Also: Zusammenarbeit JA, Überlappungen und Vermischungen NEIN. Sonst geschieht das, was im Goethes Märchen von der grünen Schlange und der schönen Lilie dem gemischten König widerfuhr: er fällt in sich zusammen!

Die IDEALE sind in jedem Bereich verschieden. Sie sollten als Leitsterne im jeweiligen Bereich dienen:

° Freiheit im Bereich der KULTUR

° Gleichberechtigung - Gleichheit im Bereich des STAATes

° Menschlichkeit - Solidarität - „Brüderlichkeit" im Bereich der WIRTSCHAFT und

° Nachhaltigkeit im Bereich der NATUR.

Schlussendlich werdet ihr drei Poster mit den Namen

° **Tetraedrisches Bewusstsein:**
  Drei Grundrechte der Zukunft

° **Begriffe – bedingungslos**

° **Tetraedervariationen**

vorfinden. Letzteres ist der Übergang zum Beitrag von T-Man.

LANDKARTE DER GESELLSCHAFT

Ich bin selbstbewusst === *"Ich denke"* === Lebenssinn	**Ich bin in Beziehung** === *"Ich fühle"* === Inklusion / Frieden	**Ich gebe / arbeite** **Ich nehme / konsumiere** === *"Ich will"* === Gesundheit
Wir sind bewusst, selbstbestimmt und verantwortlich **-KULTUR-**	**Wir kommunizieren / Wir entscheiden / Wir kontrollieren** **-STAAT-**	**Wir produzieren / Wir konsumieren / Wir kooperieren** **-WIRTSCHAFT-**
KAPITAL = **BEWUSSTSEIN des INTEGRALEN POTENTIALS ALLER MENSCHEN** === **GEGENSEITIGES VERTRAUEN**	**VOLLGELD** === **GEMEINWOHL- ORIENTIERTES BANKWESEN** === **"ALTERNDES" GELD / UMLAUF-IMPULS** === **KONSUMSTEUERN**	**BEDINGUNGSLOSES GRUNDEINKOMMEN** *für ein würdiges Leben* === **ZINSLOSE KREDITE für GEMEINWOHL- ORIENTIERTE UNTERNEHMEN** *um kreativ werden zu können*
INFORMATIONS- FREIHEIT === **MULTI- PERSPEKTIVISCHE BILDUNG** === **SELBST- BESTIMMUNG in einem OFFENEN KULTURELLEN ENERGIEFELD**	**DIREKTE DEMOKRATIE/ DREISTUFIGE VOLKS- GESETZGEBUNG** === **BÜRGERBETEILIGUNG bei ÖFFENTLICHEN FINANZEN** === **WELTZENTRISCHE INTEGRALE SIMULTAN-POLITIK (SIMPOL)**	**GEMEINWOHL- ÖKONOMIE** === **ASSOZIATIVE WIRTSCHAFT** === **EVOLUTIONÄRE ORGANISATIONEN** === **NACHHALTIGES PRODUZIEREN und KONSUMIEREN**
Bewusstsein Freiheit Kreativität	*Demokratie (Rechts-) Gleichheit Vielfalt*	*Solidarität Menschlichkeit Lebenswille*

Drehbuch einer zukünftigen Gesellschaft I
LEBENSMANDALA

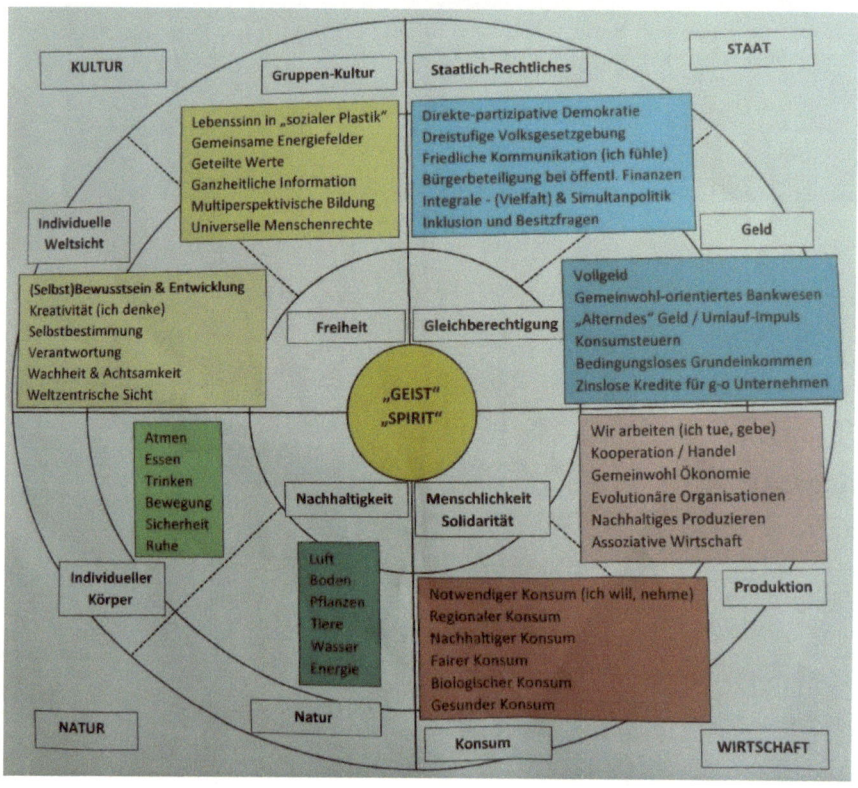

Drehbuch einer zukünftigen Gesellschaft II

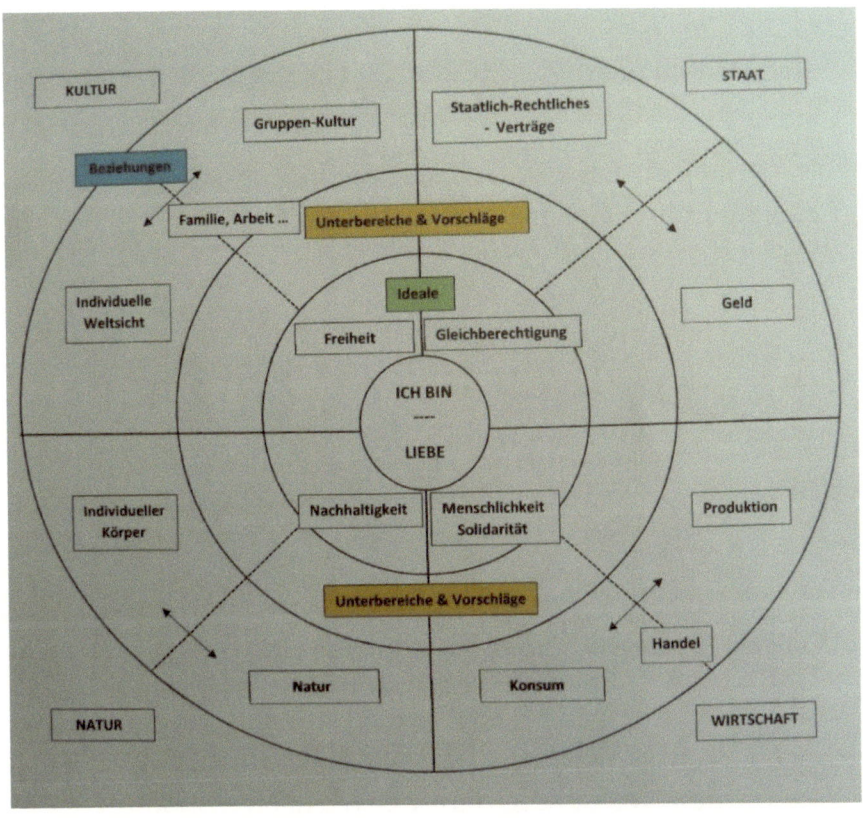

TETRAEDRISCHES BEWUSSTSEIN:
DREI GRUNDRECHTE DER ZUKUNFT

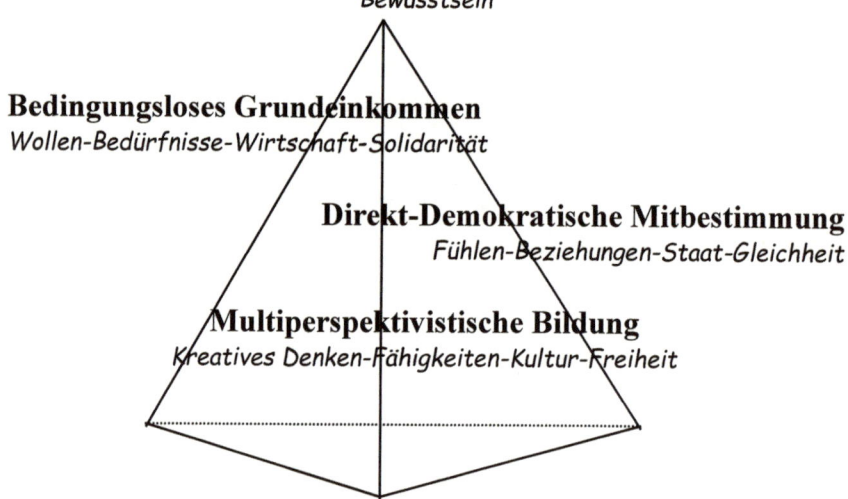

der Mensch (geistiges « ICH » als Teil des großen Ganzen)
Bewusstsein

Bedingungsloses Grundeinkommen
Wollen-Bedürfnisse-Wirtschaft-Solidarität

Direkt-Demokratische Mitbestimmung
Fühlen-Beziehungen-Staat-Gleichheit

Multiperspektivistische Bildung
Kreatives Denken-Fähigkeiten-Kultur-Freiheit

Vollgeld, Regiogeld, zinslose Kredite für Gemeinwohlökonomie
Dienender Geldfluss - ‚Liebe' im Tun

BEGRIFFE - BEDINGUNGSLOS
für den Menschen, damit er Mensch sein kann

```
       Bewusstseinsschulung
GRUNDEINKOMMEN
       Demokratische Partizipation
       Integrale Politik
       Neutrales Vollgeld
       Ganzheitliche Gesundheit
       U-Prozesse
       Natürliches Leben
       Gemeinwohlökonomie
       Soziale Plastik
       Love, Peace & RocknRoll
       Oekologische Nachhaltigkeit
       Soziale Dreigliederung
       Evolutionäre Organisationen
       Simultan-Politik
```

TETRAEDERVARIATIONEN

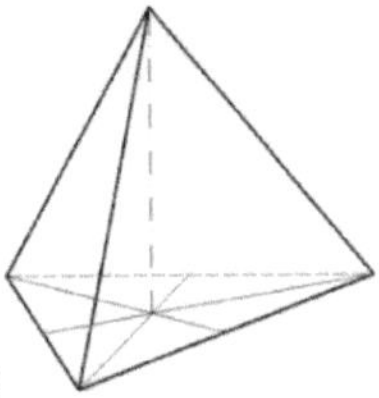

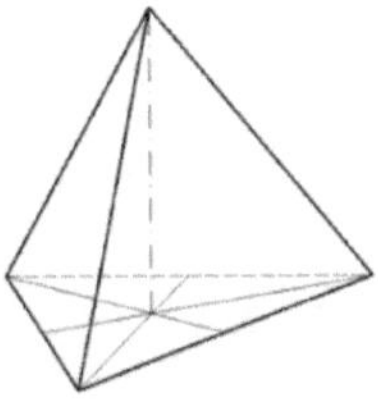

Erde

Feuer — Luft

Wasser

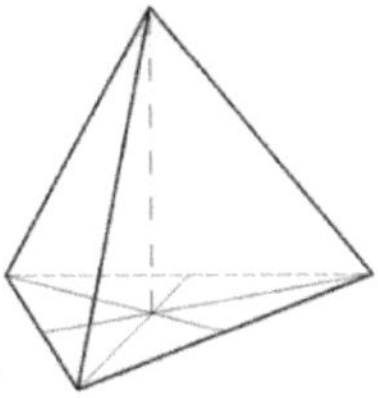

MTK/Liebe (Amor)

+ — Beziehung(sfeld)

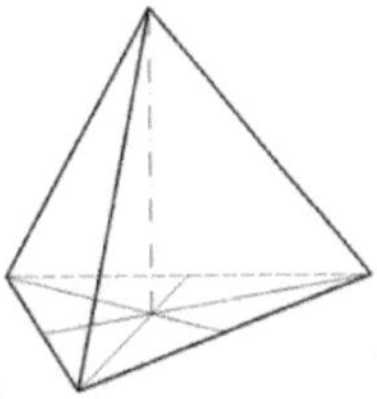

-

H (latente Energie/Resultat)

J (aktiv) — W (Ausgleich)

H (passiv)

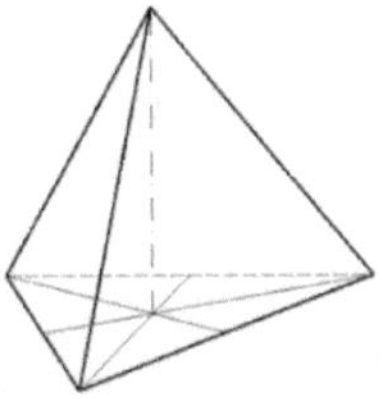

Stier

Löwe — Wassermann

Skorpion/Adler

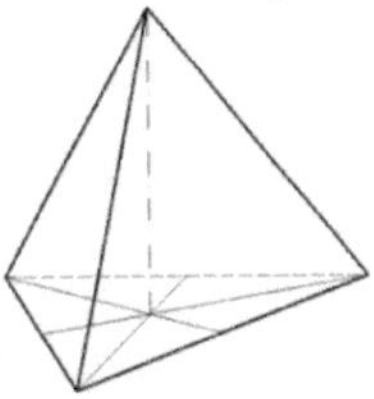

Münzen/Knabe

Stäbe/ — Schwerter/
König — Ritter

Kelche/Königin

4

1 — 3

2

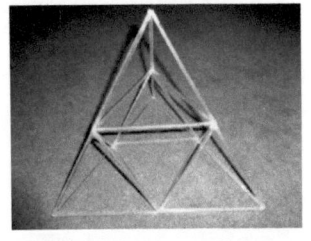

27

Cantara stand auf und hängte noch ein Bild dazu.

MENSCH

GEIST	MTK / „ICH BIN"	„Dein Wille ge-schehe" (Wille)	Passagier
SEELE	Denken (Habe Fähigkeiten / Gedanken)	Persönlichkeit / Rolle / Maske	Kutscher
SEELE	Fühlen (Habe Beziehungen / Gefühle)	Persönlichkeit / Rolle / Maske	Leine-Geschirr + Deichsel + Bock
SEELE	Wollen (Habe Wünsche / Bedürfnisse)	Persönlichkeit / Rolle / Maske	Pferd(e)
KÖRPER	Körper haben	Vergängliche Materie	Kutsche

GESELLSCHAFT

KULTUR	Bedingungsloses Grundeinkommen	Kreativität / Ideen	Freiheit
STAAT / RECHT	Vollgeld / Konsumsteuern	Demokratie	Gleichheit / Gleichberechtigung
WIRTSCHAFT	Zinslose Kredite	Gemeinwohl-ökonomie	Menschlichkeit / Solidarität

NATUR

	Nachhaltigkeit

Die visuelle Betrachtung der Aushänge dauerte bei den Teilneh-
mern unterschiedlich lange. Pietro machte nur Fotos und verschwand
für eine Weile.

Nun war T-Man an der Reihe. Er war mittleren Alters. Er hatte lange weiße Haare und einen wallenden weißen Bart. Er trug einen ‚Beuys-Filzhut‘: „Ich möchte jetzt von meiner Vision des ‚**Triple Tetrahedron Tone-Prozess**es‘ sprechen. Manche Menschen nennen mich genau deswegen ‚T‘.“

Theophanis blickte in die Runde und zwinkerte verschwörerisch.

„Eine kleine Warnung sei vorausgeschickt: Erwartet nicht, dass ihr alles sofort verstehen werdet. Die Gesetze der Weltentstehung und Welterhaltung, ebenso die persönliche Evolution des Menschen vollends zu begreifen, ist eine lebenslange Aufgabe. Heraklit meinte etwa: 'Aus Zwietracht entsteht Eintracht, aus Missklang entsteht die Höchste Harmonie. Erst durch dauernden Wechsel kommen die Dinge zur Ruhe. Die Menschen sehen nicht, dass alles, was sich widerspricht, dadurch mit sich in Einklang kommt.' Das muss man sich einmal auf der Zunge zergehen lassen und verdauen.

Na denn, los geht‘s:

Drei Punkte gibt es an der Basis eines Tetraeders und der vierte Punkt ist an der Spitze dieser dreiseitigen Pyramide. Die Achse in der Mitte geht durch diesen erhöhten Punkt. Ich nenne sie die Achse der Liebe. Der Dreiklang wird hier zum Einklang.“

Georg fragte sich, ob dieser T wohl mit Amor in Kontakt stünde. Der hatte so oft Identisches referiert.

„Geraume Zeit habe ich mich vergeblich bemüht, ein Tetraeder mit nur einem Strich zu zeichnen, also so, dass ich den Bleistift nie absetzen musste. Es gelang mir erst, als ich die Liebe einbezog. Damit wurde die Basis gelegt, um die physische, seelische und geistige Entwicklung des Menschen als dreifachen Prozess abzubilden. Dabei können Töne bei der bildlichen Darstellung eine ebenso interessante Rolle spielen wie die Planeten.“

T trat zu der Tafel, die Georg auf seinen Wunsch bereitgestellt hatte. Er würde seine Ausführungen mit einigen Zeichnungen ergänzen.

„Am Anfang der Transformation des Menschen zu seinem wahren Selbst, steht der Ton DO. Er stellt das ‚SEIN‘ dar. Aber erst, wenn sich die anderen Töne aus ihm heraus entwickeln, entsteht das

‚WERDEN', also Evolution. Vom Do aus ziehen wir einen Strich diagonal nach unten: der Ton RE entsteht. Der Impuls von Mars, dem Aktionsplaneten, war am Werk. Er schießt einen Pfeil aus dem DO heraus.

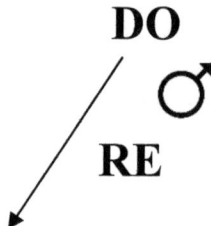

Dann ziehen wir einen genauso langen Strich diagonal hinauf, der den Ton MI darstellt. Der Impuls von Mars wird unterbrochen durch Saturn. Dieser Planet steht für Grenzen und Einschränkungen, auch für Strukturen.

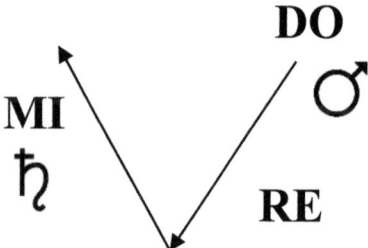

Ohne Struktur würde sich jede Aktion, ebenso wie die Freiheit, in tausend Möglichkeiten verlieren. Im Alltag schreiten Menschen zur Tat, und mit Gewissheit werden Schwierigkeiten oder Hindernisse in der Durchführung des Vorhabens auftreten. Manche geben jetzt die angefangene Aktion schnell wieder auf. Ihre reaktive, meist unbewusste Persönlichkeit ist am Werk.

Zwischen MI und FA fehlt in der DUR-Tonleiter ein Halbton. Jetzt braucht es einen Impuls von außen. Sonst droht Stillstand. In Mythen erscheint in diesem Moment ein Licht, eine Fee, ein Weiser. Man stelle sich die zwei bereits gezeichneten Linien als zwei von drei seitlichen Kanten eines Tetraeders vor, dessen Spitze nach unten zeigt. Nun helfen Merkur und Venus, Hand in Hand. Merkur, der Planet der Vermittlung, führt zur Mitte der Basis des Tetraeders, in der sich die Achse der Liebe befindet. Diese Mitte ist der fünfte Punkt im Tetraeder, die Fünf als Symbol für den Mensch.

Man imaginiere jetzt Venus, den Liebesplaneten. Dessen Energie strebt durch die ‚Liebe-Achse', die die Dreigliedrigkeit in der Einheit zusammenführt, hin zur Spitze des Tetraeders hinunter.

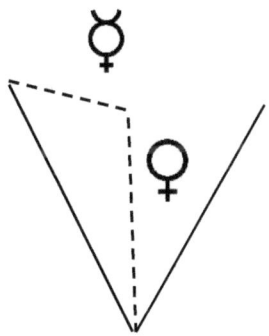

Hier ertönt der Ton FA. Die Liebe ermöglicht ihm das Durchschreiten des Tores zu einer neuen Dimension. Jupiter tritt auf. Er erhöht den Prozess dadurch, dass er es ermöglicht, von der Spitze aus, eine dreidimensionale Form durch das Hinzufügen der dritten Kante des Tetraeders entstehen zu lassen. Das in dieser Figur erhöhte Dreieck ist die Basis des Tetraeders, das die Töne SOL, LA und SI an seinen Schenkeln beherbergt.

31

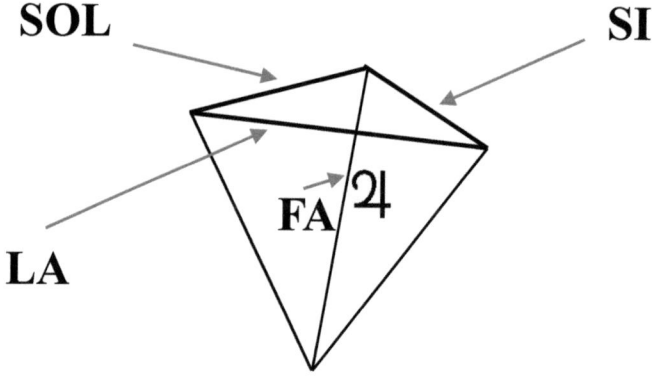

Somit sind wir auf der Ebene des Lichtes angekommen, auf der Mond und Sonne tanzen. SOL, der Sonnenrepräsentant, bewegt sich auf dem ersten Schenkel des Dreiecks. Aus der Sichtweise von ‚Spiral Dynamics', einer Theorie über die Entwicklung von menschlichen Weltanschauungsebenen, wäre erst hier eine evolutionäre-integrale Sichtweise zweiten Ranges möglich. Ich bin nicht mehr in meiner subjektiven Sichtweise ersten Ranges befangen und glaube, sie sei die beste oder einzig richtige. Aber ich will jetzt nicht näher auf diese Theorie eingehen. Wichtig ist nur, dass auf dieser Ebene alle Betrachtungsweisen in einem neuen Licht erscheinen. Es kommt zu einer radikalen Veränderung des Bewusstseins. Dabei wird lineares Denken in multidimensionales Denken transformiert.

Noch ist der Prozess nicht abgeschlossen, denn der Mond muss noch integriert werden.

Der Mond repräsentiert den Persönlichkeitsanteil, der sich noch nicht in den Dienst der Essenz, des sonnenhaften Wesenskernes eines Menschen, gestellt hat.

Man erinnere sich an Michelangelos Fresko der beiden aufeinander zustrebenden Hände auf meinem T-Shirt."
Er zog das Shirt aus seiner Tasche und hob es hoch.

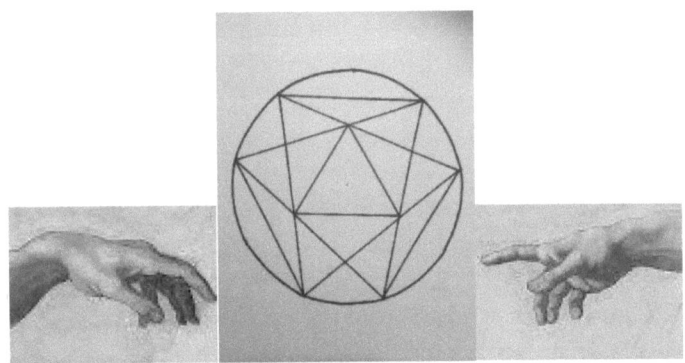

Die ‚Adams-Hand' stellt die unentbehrliche Motivation des Menschen dar. Den Willen, der die Entwicklung des Prozesses weitertreibt: den Ton LA. Er läuft entlang des zweiten Schenkels des Dreiecks. Die Motivation wird unterstützt, wenn man das angestrebte Ziel, den eigenen Lebenszweck zu erfüllen, vor Augen hat.

SI, entlang des dritten Schenkels des Dreiecks, strebt auf den Ton DO zu und da zwischen beiden Tönen noch mal ein Halbton fehlt, braucht es wiederum Hilfe, die diesmal vom DO ausgeht, das sozusagen die zweite Hand ausstreckt. Hier ist es entscheidend, sich innerlich zu öffnen, nicht zu sehr in seinem selbstbezogenen Tun aufzugehen, damit man die entgegengestreckte Hand auch wahrnimmt. Tut man dies, weiß man: man ist auf dem rechten Weg. Dies hilft, die letzte Strecke dieses ersten Zyklus zurückzulegen. SI führt einen ins erste Teilziel. Die Zeigefinger der beiden Hände berühren sich.

Dieser evolvierte Ton DO befindet sich eine Dreiecksspitze weiter als das Ursprungs-DO. Doch die Reise ist nicht beendet. Zwei weitere Durchgänge durch das Tetraeder stehen noch an. Der ‚Prozess der drei DOs', der Prozess des ‚WERDENs im SEIN', von der physischen über die seelische zur geistigen Ebene, führt zurück zum Ursprungs-DO. **Wenige schaffen die drei Durchgänge gleichzeitig.** Wir hatten es bereits gesagt: ‚von Drei zu Eins‘. Die ausgestreckte Hand beinhaltet den Impuls, einen weiteren Oktaven-Zyklus anzuschubsen. Allerdings muss der Mensch willens sein, bewusst zu arbeiten und zu ‚leiden‘. Das bleibt ihm nicht erspart. Und hat er einen weiteren Zyklus geschafft, dann steht der dritte Zyklus vor der Tür. Der Mensch kann sich immer wieder vorstellen, er hätte sein Ziel schon erreicht, um dem Prozess Energie zuzuführen, wohl wissend, dass er noch auf dem Weg ist. Nach dem Durchgang durch die dritte Oktave ist die Dreiecksspitze des Ursprungs-DO erreicht. Der Mensch ist hier 100%ig bei sich selbst angekommen. Erst jetzt kann er sagen: ‚ICH BIN‘.

DO1 könnte man als Sonnenfinsternis bezeichnen. Agnes Hydveghy, eine Inspiratorin meiner Lebensgefährtin, spricht von der für unser Bewusstsein nicht offenbarten ‚Sonne hinter der Sonne‘. DO2 könnte man den Halbmond, der die Sonne teilweise spiegelt, nennen und DO3 den Vollmond, der die Sonne vollständig spiegelt. DO4, das Ursprungs-DO, ist die wahre Sonne, die sich ihrer selbst voll bewusst geworden ist.

Dies sind sicher nicht ganz einfache Bilder, die ich euch präsentiere. Diese Bilder symbolisieren unsere Potentiale. Die dritte Oktave wird wohl für die allermeisten Menschen unerreichbar bleiben.

Und ihr wisst, dass solche ‚Landkarten‘ die Wirklichkeit und das eigene Erleben nicht ersetzen können. Sie ermöglichen es allerdings, sich zu orientieren. Die Gefahr besteht darin, dass man die Wirklichkeit in Teile zerstückelt und nur die interessanten Aspekte wahrnimmt. Doch das Leben ist vom Ganzen her zu verstehen und nicht von seinen Teilen oder Modellen.“

T's Vortrag war immer noch nicht zu Ende: „Ich möchte jetzt noch kurz über die Realitäten sprechen, die uns in unseren alltäglichen Prozessen begegnen. Astrologen behaupten, dass unsere Lebensthemen vorgegeben seien. Unsere Freiheit bestünde darin, die Themen zu erkennen und auf individuelle Art zu leben. Tun wir es nicht freiwillig, werden sie uns vom Leben serviert. Wir erleben dies dann als

Ausgeliefertsein, nennen es Schicksal, als ob wir nichts damit zu tun hätten. Dass wir voll mit den Alltagsfragen identifiziert sind und unsere Freiheit nicht wahrhaben wollen, blenden wir damit aus. Jede astrologische Konstellation kann entweder als angenehm oder schwierig interpretiert werden, passender wäre es, Erholungsphasen und Anstrengungsphasen inklusive ihrer Entwicklungs-chancen in ihnen zu sehen. Beide sollten ihren Platz im Leben haben, nur das Hängenbleiben in einem Extrem ist für den Menschen schädlich und macht abhängig und krank. Bevor wir im vollen Bewusstsein angekommen sind, ist der innere Beobachter unser bester Freund, um vom subjektiven Reagieren zum objektiven Agieren zu gelangen. Die wiederholte klare Benennung des erkannten Phänomens ist oft die beste Medizin. Wie bei Rumpelstilzchen! Manch negative Verhaltensweise wurde durch Bewusstmachung und Offenlegung gar ins Positive verwandelt.

Menschen, deren mannigfaltige Teilpersönlichkeiten mit diesem und jenem identifiziert sind und die überzeugt sind, vollbewusst zu sein, sind lediglich wach. Wenn man sie dazu ermuntert, mal 'ne Gewohnheit zu ändern, etwa die Armbanduhr an der anderen Hand zu tragen und zu beobachten, wie oft sie auf die falsche Seite schauen, dann tun sie das mit der Bemerkung ab, das hätte mit Bewusstheit nichts zu tun. Ich nehme mich da nicht aus und kämpfe laufend mit diesem Thema.

Ich möchte unseren Ausflug in mögliche Bereiche der Menschwerdung mit einer Landkarte abschließen, die ich *Die Entwicklung zum wahren Menschen* nenne …"

T deutete auf eine Tafel mit folgendem Diagramm:

„der geistige Körper"	„ICH bin" - Teil des Absoluten (Wesenskern/MTK)	*„dritte Oktave"*

TRIADE: Geistesmensch / Lebensgeist / Geistselbst – Kether / Chochmah / Binah – Übergeist / intuitiver Geist/ erleuchteter Geist

„der seelische Körper"	Achtsamkeit/ Zeuge / neutraler **BEOBACHTER**	*„zweite Oktave"*

BEWUSSTSEIN: objektives integrales Wissen	INDIVIDUALITÄT: objektives Gefühl (Essenz/Wesen)	WILLE: Richtung Ziel des Wesenskernes
⇧	⇧	⇧
subjektive Vergleiche/ Bewertungen/ Meinungen	subjektive Sympathien/ Antipathien (Teilpersönlichkeiten)	pers. Wünsche/Gelüste/ instinktive Impulse
Körper-Kenntnis (Studium des Verhaltens)	Körper-Gefühl (innerliches Erspüren)	adäquater K.-Gebrauch (Experimentieren)
Nerven- und Sinnessystem (Wahrnehmen/Denken)	Atem-und Blutkreissystem (Lebenskraft/Energiefluss)	Stoffwechsel- und Gliedmassensystem

„der physische Körper"	Körper - Teil der Natur & der materiellen Welt: die TAT	*„erste Oktave"* *„Ideale"*

Freiheit im Kulturleben u.a. dem Bildungwesen (Fähigkeiten/Kreativität)	Gleichberechtigung bei Geld- & Rechtsfragen (Beziehungen/Kommunikation)	Solidarität/Gemeinwohl im Wirtschaftsleben (Bedürfnisse)
Sinnlosigkeit statt freie Zielverfolgung	Einsamkeit statt Inklusion in Frieden	Krankheit/Tod statt Gesundheit

„Ängste"

Eine geraume Zeit lang war es still im Raum. Die Anwesenden waren damit beschäftigt, das Bild zu betrachten. Oder waren sie bereits innerlich abgedriftet …? Manchen hatte T wohl zu viel zugemutet, so stimmig seine Bilder auch sein mochten.

Cantara, wie meist in gelber Kleidung, die auf ihre lange gelbblonde Haarmähne abgestimmt war, stand auf und öffnete das Fenster. Sauerstoff war dringend notwendig. Ihr war T sympathisch. Wegen seines Beuys-Hutes hatte er bei ihr, der Künstlerin, einen Sympathievorsprung. Zeit, sich miteinander über kreatives Schaffen auszutauschen, hatten sie noch keine gefunden, aber sie freute sich schon darauf. Klar war, dann dürfte er nicht so viel reden wie heute. Sie hatte ein paar Räucherstäbchen mitgebracht, die sie jetzt anzündete, um dem Raum eine sinnliche Note zu geben.

Georg ergriff das Wort: „Jetzt haben wir gewiss einiges zum Nachdenken. Soll auch sicher Sinn und Zweck deiner Darlegungen sein. Ich werde jedem eine Kopie der Illustrationen geben.

Pietro wollte wissen, ob der Inhalt des Vorgetragenen dem ‚Vierten Weg' Gurdjieffs entspräche.

„Nein, es stimmt manches nicht unbedingt überein. Sicher ist ein Großteil von Gurdjieffs Ideen inspiriert. Wäre auch ein Wunder, wenn nicht … nach den vielen Jahren und entsprechenden Erfahrungen, die ich aktiv auf dem ‚Vierten Weg' erworben habe.

Ein Teil der Unterschiede ist meiner Meinung nach auf den unterschiedlichen Gebrauch mancher Begriffe zurückzuführen. Für mich sind Begriffe etwas Kreatives, Lebendiges. Ich möchte sie ergründen und lasse sie zu mir auf mehreren Ebenen sprechen. Definitionen hingegen tun dies mit dem Verstand und haben oft was Statisches. Sie sind mehr festgelegt. Vor einem Meinungsaustausch sollten Begriffe geklärt werden, damit man nicht munter aneinander vorbeiredet, weil jeder etwas anderes unter ihnen versteht.

Andererseits können Unterschiede durch verschiedene Perspektiven auf ein und denselben Sachverhalt entstehen. Oberflächlich betrachtet könnte es wie Meinungsverschiedenheiten aussehen. Dazu fällt mir ein Spruch von Marcus Aurelius ein: ‚Alles was wir hören, ist eine Meinung, nicht ein Faktum. Alles was wir sehen, ist eine Perspektive, nicht die Wahrheit.‘"

drei oder vier?

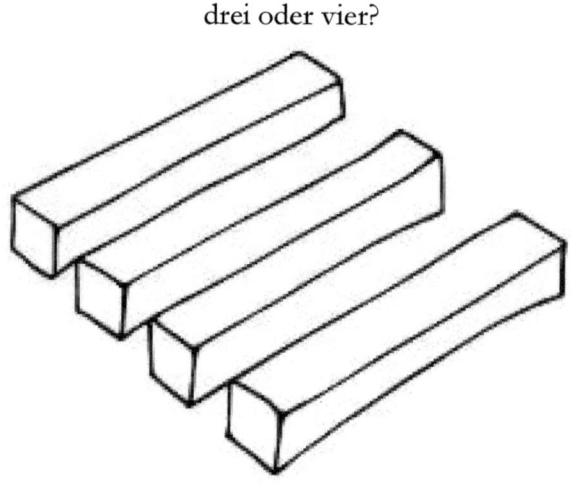

„Kannst Du uns das eine oder andere Beispiel nennen, welche Unterschiede es zwischen ihrer und Gurdjieffs Sichtweise gibt?" hakte Pietro nach.

„Ja, gerne. Gurdjieff sprach von den drei Zentren im Menschen: dem physischen Bewegungszentrum, dem Emotional- und dem Denkzentrum. Der Mensch als ,Three-brained Being', wie er zu sagen pflegte. Meiner Meinung nach besteht die Seele aus der Triade Denken, Fühlen und Wollen. Bei Gurdjieff fehlt der Wille auf der seelischen Ebene, er ordnet diesen der geistigen Ebene zu.

Das Wollen und die körperliche Empfindung stehen auf der Ebene der alltäglichen Bedürfnisse des Menschen zwar in einem engen Verhältnis, doch die Tat, die der physische Körper ausführt, kann ich nicht auf der seelischen Ebene ansiedeln."

Georg, der vorhin Ähnliches gesagt hatte, pflichtete ihm wohlwollend bei: „Da werde ich dir nicht widersprechen."

„Ich möchte noch ein anderes Beispiel für einen Unterschied nennen. Gurdjieff sagt, dass aus der Einheit die Dreiheit entsteht. Auf jeder nachfolgenden Ebene verdoppeln sich dann laut ihm die vorhandenen Gesetze, also 6, 12, 24, 48, 96. Auf der Sonne gäbe es 12, auf den Planeten 24, auf der Erde 48 und auf dem Mond 96 Gesetze. Ich aber glaube, dass, wenn das ‚oben wie unten' stimmt, dass wenn aus der 1 die 3 entsteht, müsste auf den nächsten Ebenen das Gleiche geschehen. Also 1, 3, 9, 27, 81… Aber ich bin da erst beim Forschen. Interessant finde ich folgende Zahlenspiele: 1+3=4, das Tetraeder, die klassischen Elemente, die Jahreszeiten. 3+9 oder 3x4=12, die Apostel, die Monate in einem Jahr, die Tierkreiszeichen, oder 27+81 oder 27x4=108, die heilige Zahl im Hinduismus und Buddhismus. Eine Mala, die traditionelle Gebetskette Asiens, hat 108 Perlen. Hindu Gottheiten haben 108 Namen, Shiva tanzt als Nataraja seinen kosmischen Tanz mit 108 verschiedenen Tanzschritten, der tibetische Buddhismus kennt 108 Störgefühle usw."

„Die Zahlenmystik ist faszinierend, da würde ich gerne mitforschen. Wir sind hier im Zukunfts-Forschungshaus, da haben solche Fragestellungen sicher ihren Platz", meinte Georg. „T-Man, ich finde deinen Ansatz jedenfalls äußerst spannend. Auch wenn nur Wenige den schwierigen Weg gehen mögen, den du aufgezeichnet hast, so ist es leider Tatsache, dass sogar die, welche es tun, noch oft mit ihrem Wollen im Tiefschlaf liegen, mit ihren Gefühlen träumen und im Denken tagträumen. Schon Heraklit meinte: *Menschen sind selbst in wachen Augenblicken wie Blinde, und beachten das, was um sie her geschieht, so wenig wie in ihrem Schlaf.*'"

T-Man daraufhin: „Klar, die Persönlichkeit, die die meisten Handlungen steuert, ist größtenteils unbewusst, mechanisch, reaktiv, Egogesteuert, gefallen-wollend und … Ach, …. Aber ich denke, es ist wichtig zu versuchen, in uns Platz zu schaffen für das Höhere. Denn wie soll es uns in unserem Inneren begegnen, wenn wir zugemüllt sind? Und es gibt zum Glück verschiedene Tore zum Numinosen. Naturerlebnisse, Eros, Kunst, Kult … Wir fühlen uns ja nicht nur über den Hautkontakt berührt, sondern auch von Musik, Landschaften und vielem mehr."

„Ich hätte spontan gesagt Eros, wie mein Familienname, wenn man mich nach einem solchen Zugang gefragt hätte. Ich glaube, Liebe und Ideen oder allgemeiner die Kreativität sind Impulse, die uns Zugang zum Geistigen verschaffen können, …", fügte Georg hinzu und fuhr dann fort: „Wenn es wahr ist, dass sich alles holographisch in allem wiederfindet und wir universellen Gesetzen unterliegen, wieso begreifen die Menschen nicht, dass, wenn sie dem Ganzen schaden, eigentlich nur sich selbst schaden … dass, wenn sie dem ganzen Universum dienen, sich selbst dienen? Wir sind wie eine Zelle in einem Organismus. Wenn eine Zelle aufhört, für den Gesamtorganismus ihren Beitrag zu leisten und sich nur um sich selbst kümmert, mutiert sie zur Krebszelle."

Keiner schien dem noch was hinzufügen zu wollen. Alle waren mittlerweile gesättigt, zufrieden oder einfach nur müde. Aber da meldete sich Gertude:

„Schön und gut, ihr weisen Männer. Aber was kann ein ‚normaler' Mensch praktisch damit anfangen? Denkt ihr nur oder fühlt ihr auch? Ich habe schon öfter mit T-Man darüber diskutiert, sogar gestritten. Ich kenne seine Argumente. Sie befriedigen mich nicht. Ich weiß nicht einmal, ob er wirklich versteht, was ich tatsächlich meine mit meiner Frage. Welchen Eindruck haben die Anwesenden hier? Vor allem die Antworten der Frauen würden mich interessieren."

T-Man grinste und meinte: „Da du ja die Männer hiermit ausschließt, halte ich lieber den Mund. Die Frauen wissen scheinbar alles besser!?"

Gertrude ging darauf nicht ein und ignorierte Ts Äußerung demonstrativ. Randy klingelte. Ihr Austausch war nicht mehr gemäß den Regeln des Bohmschen Dialoges.

Nach einer Zeit der Stille meldete sich Kushala zu Wort. „Ich habe mich auch schon mit T-Man darüber auseinandergesetzt und habe für mich folgende Antwort gefunden: Er hat Entwicklungsprozesse am Beispiel der Höherentwicklung des Menschen dargestellt. Was er gesagt hat, muss natürlich auch auf konkrete Vorhaben im Leben des Menschen anwendbar sein und für sie Gültigkeit haben. Sonst wäre es reine Spekulation. Ich nehme ein fiktives, aber konkretes Beispiel: *T organisiert einen Vortrag.* T nimmt sich vor, einen Vortrag zu einem bestimmten Thema zu halten. Aber wo findet er zum Beispiel einen adäquaten Raum, der das richtige Ambiente hat, die richtige Größe, der bezahlbar ist und am gewünschten Tag noch frei ist? Soll er überhaupt den Vortrag halten? Ein Freund, dem er von seinem Vorhaben berichtet, fragt ihn, ob er den schönen Saal seiner Firma nutzen möchte. Was für ein Geschenk! Jetzt ist es klar, der letzte Zweifel ist weg, er wird seine Idee umsetzen, und zwar dort. Er fühlt, dass das Schicksal ihm hold ist. Jetzt legt er sich ins Zeug, den Vortrag vorzubereiten. Was könnte er vermitteln, das den Horizont der Zuhörer erweitern, gar erleuchten würde? Wenn er dabei seine egoistischen Ziele außen vor lässt, wird es vielleicht auch ihn selbst ein Stück weiterbringen. Einfühlend setzt er sich immer wieder mit seinen potenziellen Zuhörern auseinander. Was sind ihre Erwartungen? Er übergibt seine Ideen und Zweifel vor dem Einschlafen stets an das ‚Höhere' und empfängt manch guten Einfall beim Aufwachen. Und dann ist es so weit. Er steht vor dem Publikum. Er öffnet sein Herz nach oben und legt los. Manches sagt er intuitiv, wie von höherer Instanz eingegeben, oft auch anders als in seiner Vorbereitung … und er hat Erfolg. Die Menschen sind gepackt von seinen Worten. Dies würde nicht sein letzter Vortrag sein.

Ich denke, das Geschilderte spielt sich vor allem auf der leiblichen Ebene im Sinne von Karlfried Graf Dürckheim ab, ‚der Leib, der ich bin'. Es geht also über den physischen Körper, den wir besitzen, hinaus, ist aber erst die erste Stufe der möglichen Seinserfahrungen. Zu sehr noch von der Persönlichkeit durchdrungen. Auch wenn durch adäquate Beobachtung des Geschehens - der innere Beobachter lässt grüßen - weitere Entwicklungen ermöglicht werden können. Momente des Austretens aus dem mechanischen Modus sind noch selten und Momente des sich Verlierens in der Identifikation häufig. Dies zu bemerken, ist unsere erste Aufgabe.

Die sogenannte seelische Ebene meiner selbst zu vervollkommnen, ist dann die folgende, noch schwierigere Nummer. Hier wäre mir mein inneres Geschehen immer präsent, bewusst, synchron zu meinem Tun.

41

Die geistige Ebene voll zu entwickeln, ist, glaube ich, nur wenigen Zeitgenossen möglich. Es bestünde kein Unterschied mehr zwischen mir und meinem Tun. Das Subjekt – Ich – würde zum Objekt des inneren Beobachters, zum Es!

Der von T geschilderte dreistufige Weg kann sicher weitaus mehr als Theorie sein. Für die, die sich aus eigener Motivation dafür öffnen, hart arbeiten und bereit sind, immer wieder die Kraft dafür aufzubringen."

„Danke, Kushala. Ich ‚höre' fühlend, dass du mich verstehst. Besser hätte ich es nicht ausdrücken können. Ich denke, deine Ideen können den Anwesenden helfen, die praktische Relevanz meiner Gedanken besser zu verstehen, ...vielleicht auch Gertrude? Und wenn du das schaffst, wärst du gut, Kushala, das ist nämlich nicht so einfach bei ihr. Thanks jedenfalls für deine Ergänzungen."

Randy sah sich gezwungen die Klingel wieder zu schwingen.

„Sorry, ich ließ mich mitreißen, danke für den Hinweis, Randy."

Cantara meldete sich zu Wort: "Ich versuche mal, meine persönliche Variante zum TTT-Prozess hinzuzufügen. So wie ich es halt verstehe. Ein Beispiel aus dem Alltag: Ich fahre mit dem Auto – Mars. Ein anderes Auto kommt mir plötzlich in die Quere – Saturn. Ich muss meine Fahrweise ändern. Dazu muss ich mich innerlich bewegen – Merkur. Dieser ist auch im Spiel, wenn ich kommunizieren muss, um Informationen einzuholen. Jetzt habe ich die Wahl: schimpfe ich über diesen Idioten oder ich gebe mich der Liebe hin und vertraue ihr – Venus. Nun kann ich denken: ‚Der hat was Eiliges vor, gern lasse ich ihm den Vortritt.' oder ‚Der ist aber aggressiv, ihm geht's sicher gerade nicht so gut, ich sende ihm positive Energie.' – Jupiter. Eine Öffnung wird möglich und ich vergeude nicht meine Energie, sondern gewinne welche hinzu. Ich frage mich, wie Georg vorhin, als er über die Maschinen sprach: was braucht der Andere, das Andere, das Ganze?' Dadurch gelange ich auf die Ebene der Tat, des Umsetzens, oder wie T-Man sagt: die Sonne-Mondebene an der Basis des Tetraeders. Das ist für mich ganz einfach der Beginn des ‚erneuerten' Tuns unter neuen Voraussetzungen, das Durchhalten und das Abschließen der Tat. Hier geht es um Bruchteile von Sekunden, ob ich die Chance ergreife, auf diese Art zu agieren oder unbewusst reagiere.

Wie ich bereits erwähnte, besteht das Tetraeder, das ich mit einem Strich vollenden kann, aus sechs Seitenkanten und dem Weg zur Mitte, also aus sieben Teilstrichen, die ich ‚gehen' kann. Der achte, die Mittelachse, ist ein Geschenk der Liebe. Eine Variation zu dem, was ich vorhin mit ‚Sprung' bezeichnet habe. Der TTT-Prozess ist für mich eine Art Heldinnenreise."

T-Man nickte mit einem Lächeln, sagte zunächst allerdings nichts dazu, denn er wollte nicht ein drittes Mal die Klingel auslösen. Nach einer Weile ergriff er dann doch das Wort: „Ja sehr gut im Ansatz", meinte T-Man, „man aber bedenken, dass ich von drei DOs des Prozesses sprach: aus DO1 entwickelt sich der Denkprozess, aus DO2 der Gefühlsprozess und aus DO3 der Willensprozess. Es ist nicht zielführend sie wild zu vermischen. Die drei Umläufe durch das Tetraeder sollten getrennt, Schritt für Schritt geübt werden. Erst wenn das zur Routine geworden ist, gelingt es, dass sie quasi simultan ablaufen. Leichter ist es, wenn man anfangs mit längeren Vorhaben übt, da man dann mehr Zeit zur Verfügung hat. Später kann sich die Erfahrung auch auf kürzere Prozesse übertragen. Begleitende innere Beobachtung bleibt dabei wichtig.

In dem Moment, wo ich mich mit Merkur zur VENUS bewege, besteht die Schönheit des Augenblicks darin, die Freude LIEBEvoller Empathie zu erleben und mich zu fragen: was braucht mein Vorhaben? Was brauchen die betroffenen Menschen? Ähnlich wie wir im Bohmschen Dialog fragen, was denn das Thema braucht. Und ich kann nicht oft genug wiederholen: Es ist essenziell hinzuhören, ob die höhere Ebene mich unterstützt und mir so zeigt, dass ich auf dem richtigen Weg bin. Das nächste DO ruft!

Dabei sind bewusste Freude und ein sonniges Lächeln immer eine willkommene Unterstützung. Genauso das Offensein für Hilfe von außen oder ein stilles Innehalten für einen Moment.

Auf der SONNE-MOND-Ebene, der Basis des Tetraeders, versuche ich zunächst die VISIALISIERUNG des Denkprozesses, dann folgt beim zweiten Umlauf das ERSPÜREN des Gefühlsprozesses und dann beim dritten das Umsetzen des Willensprozesses ins TUN."

„Was mir bei meinen kreativen Prozessen hilft", fügte Cantara hinzu, „ist, was Friedrich Dürrenmatt bereits 1986 in seinem Kriminalroman ‚Justiz' artikulierte: ‚... *die Wirklichkeit kennen wir ja nun, ... aber das Mögliche kennen wir kaum. Begreiflich. Das Mögliche ist beinahe unendlich, das Wirkliche streng begrenzt, weil doch nur eine von allen Möglichkeiten zur Wirklichkeit werden kann. Das Wirkliche ist nur ein Sonderfall des Möglichen und deshalb auch anders denkbar. Daraus folgt, dass wir das Wirkliche umzudenken haben, um ins Mögliche vorzustoßen.'* Ich nenne T-Mans TTT-Prozess auch gerne das ‚**rotierende Tetraeder in Aktion**.""

Cantara erhob sich und hängte wortlos ein weiteres Poster auf.

ÜBUNG: TETRAEDER-KEGEL-ROTATION

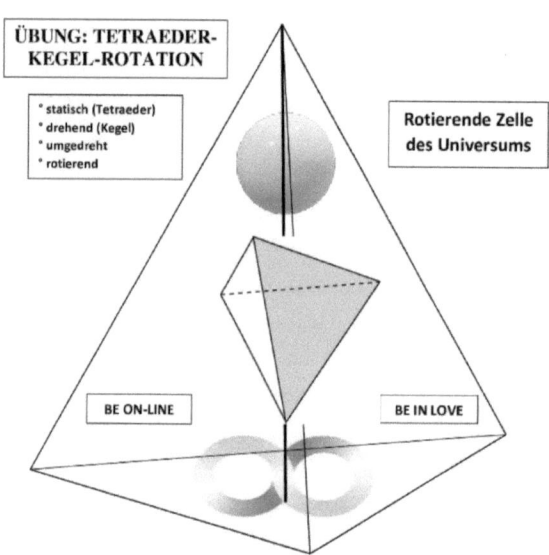

VORBEREITUNG

Ich entspanne mein Gesicht & meinen Kiefer / mein Genick & meine Schultern / mein Gesäß & meinen Beckenraum / meinen ganzen Körper

Ich spüre Beine & Arme / Bauch- & Brustraum / Wirbelsäule & Kopf / meinen ganzen Körper, aber ich bin nicht mein Körper

Ich atme: „kommenlassen, loslassen, niederlassen, Einswerden"

TRANSFORMATION: 3 zu 1

Ich imaginiere ...

- ein Tetraeder um mich herum, in für mich stimmiger Größe
- mich als Axe des Tetraeders: "ich bin on-line, ich bin in love"
- wie ich meine mechanischen Gedanken an eine Kante abgebe
- wie ich meine anti- & sympathischen Gefühle an eine Kante abgebe, ich bin nicht meine Gedanken und meine Gefühle
- wie ich meine egoistischen Wünsche an eine Seite abgebe
- das Tetraeder um die Axe rotierend, schneller und schneller
- einen entstehenden Kegel, in dem ich mich befinde
- den Kegel, rotierend um seinen Mittelpunkt, in jede Richtung, schneller und schneller
- eine entstehende Kugel, in der ich mich befinde
- die Kugel, die so schnell dreht, dass sie scheinbar stillsteht

Ich empfinde mich frei in dieser Kugel - in Stille: nichts geht rein, nichts geht raus

Ich atme: „kommenlassen, loslassen, niederlassen, Einswerden"

Ich kann und Ich will – Ich begegne und Ich kommuniziere – Ich bedarf und Ich schenke – ICH BIN

T-Man fügte hinzu: „Das erste, was mir in den Sinn kommt, ist: ändere deine Gedanken, dann ändert sich deine Welt. Dass das Denken frei sei, ist ein Ideal. Wichtig für mich ist, dass es nicht eine Freiheit von etwas ist, sondern Freiheit für etwas. Es kommt auf uns alle an, denn wir sind die, auf die wir gewartet haben. Es gibt unzählige Möglichkeiten des Denkens und des dementsprechenden Handelns. Negativität zerstört Möglichkeiten. Die Evolution wird zu ihrem natürlichen Ende gelangen, wenn alle Möglichkeiten von mindestens einem Menschen bewusst gelebt wurden. Mehr habe ich dazu im Moment nicht zu sagen."

Auch er pinnte ein Diagramm an die Wand.

	geistig	seelisch	körperlich	sozial
geistig	SINN & WERTE (Ziele / das Gute)	IDEEN & LIEBE (Kreativität / Denken)	SCHLAF & SEXUALITÄT (Energie / Transp. Verbundenheit)	INTEGRALITÄT (multiple Perspektiven) *"Freiheit (individuell)"*
seelisch	FREUDE & HUMOR (positive Einstellung / das Schöne)	Schwingung: MUSIK & KULTUR (innere Bewegung / Fühlen)	SOZIALER AUSTAUSCH (Kommunikation, Anerkennung)	DEMOKRATIE, INKLUSION , FRIEDEN *"Gleichheit (rechtlich)"*
körperlich	SINNLICHKEIT (Sichtbarwerdung / das Wahre)	NATUR (äussere Bewegung /Reisen/ Wollen)	GESUNDHEIT (Essen, Trinken, sicheres Zuhause)	GEMEINWOHL & NACHHALTIGKEIT *"Solidarität (kollektiv)"*
	"Wille (Ich Bin)"	"Essenz (innere Natur)"	"Persönlichkeit (Ego)"	

Pietro, ganz schwarz gekleidet, die gegelten Haare nach hinten ge-stylt … was war mit ihm los? Außer zwei Fragen hatte er heute kein Wort gesagt. Aber das war typisch für ihn. Er schien sehr genau zu beobachten, wer was sagte und hatte sich tausend Notizen gemacht. Hatte er gar ein technisches Gerät benutzt, um alles aufzuzeichnen? Wieso tat er das? Was dachte er sich dabei? Was machte er damit? Gab er jemandem sein internes Wissen weiter? Er war eine echt rätselhafte ‚Schattenfigur'. Pietros Lieblingsgedanke und seine Überzeugung war, dass der Mensch sich der Technik unterordnen müsse, um ein glück-licheres Leben zu führen. Sein Vater Luigi war anders. Der verkaufte Technik allein des Profits willen.

Auch Gertrude war bis jetzt kaum in Erscheinung getreten. Doch jetzt kam ihre Zeit. Sie sah aus wie eine Hippie-Braut. In ihre langen, gewellten Haare hatte sie Zöpfe und farbige Bändchen eingeflochten. Armbänder und Ringe schmückten ihre Armgelenke und Finger. Auf ihrem dünnen, hellblauen Kleid war auf der Rückseite ein Kreis ge-druckt, in dessen Mitte ein Regenbogen, darüber war eine Sonne zu sehen, darunter eine Regenwolke, rechts ein leuchtender Stern und links ein Schwarzes Loch.

Sie nahm ihre Gitarre. Von den ersten Tönen an waren alle von ihrer Virtuosität begeistert. Sie spielte mal rhythmischer, mal melodi-öser die verschiedensten Variationen. Und alle schwangen mit in ihren magischen Klängen.

Besonders Randy bewunderte Gertrudes Gitarrenspiel, das er oft im Alltag vermisste. Warum? Die Klänge berührten ihn so tief, weil

Gertrude seine Liebste war. Er konnte sie in den Tönen fühlen. Sie lebten jedoch nicht in der gleichen Wohnung. Sie waren sich einig, dass die Befriedigung der beiden menschlichen Grundbedürfnisse ‚Gewohnheit und Sicherheit' sowie ‚Freiheit und Abenteuer' auf Dauer inkompatibel sind. Alltagspflichten können mühsam sein und die Gefahr negative emotionale Abladungen an den Mitbewohner zu richten sind dann wahrscheinlich. Eine Hochzeit kam für sie nicht in Frage, denn beide wollten ‚das hohe Fest' immer mit dem, der oder denen im Hier und Jetzt feiern, mit denen sie gerade beisammen waren. Beide fanden, dass bei den täglichen Lebenszwängen eine respektvolle Distanz zu dem Beziehungspartner die bessere Alternative gegenüber einem zu engen emotionalen Verhältnis sei. Das mag über eine gewisse Zeit klappen, aber auf die Dauer geht es meist schief. Der oder die Andere oder die Anderen können schwerlich alle Bedürfnisse erfüllen. Dazu kommt, dass im Laufe der Zeit die individuellen Besonderheiten, die man am Anfang liebte, nervig und lästig werden. Und wenn man weiß, dass physische und psychische Spezifitäten die Tendenz haben, sich im Alter zuzuspitzen, zu verhärten, ist das auch wirklich kein Anreiz, häufig und zu lange zusammenzuhängen. Vielleicht für diejenigen, die das Bedürfnis haben, ihre Liebe durch Unzertrennlichkeit auszudrücken? Bei Gertrude und Randy war das jedenfalls nicht so. Sie wollten den Andern auch mal vermissen, sich nach ihm sehnen, es schmerzlich im Bauch spüren und sich umso mehr freuen, wenn das Beisammensein dann Wirklichkeit wurde. Dann konnten sie ihrem gemeinsamen Energiefeld alle Aufmerksamkeit und Kraft schenken.

In Gedanken und Gefühlen an seine ‚Liebste' in die Klänge eingetaucht, wurde Randy vom Beifall der Anwesenden in die Realität zurückgeholt.

Jetzt ergriff Georg das Wort: "Heute war der erste der beiden Tage, an denen wir uns der Bildung der **‚Tetranthropos-Community'** widmen wollen. Er ist als Einleitung gedacht, um unsere Intuition für unser gemeinsames Thema **‚die Zukunfts-Bildung'** zu schärfen. Ich wiederhole einige wesentliche Eckpfeiler unseres Vorhabens:

- ° Wir sind **Zellen eines großen Ganzen.**
- ° Wir gehen vom egozentrischem und ethnozentrischem Denken zu **weltzentrischem und kosmozentrischem Denken** über.
- ° Wir lassen alte, nicht mehr zeitgemäße Vorstellungen los und gestalten gemeinsam die Zukunft in einem **solidarischen co-kreativen Prozess.**
- ° Wir **agieren lokal** und **vernetzten** uns **global**
- ° Wir pflegen eine positive, optimistische Herangehensweise im Sinne ‚des **halb vollen Glas**es‘ und eines ‚**sonnigen Gemüts**‘
- ° ‚**Mein Transpersonaler Kern**‘ ist der Ort, an dem sich jeder verankern kann und wo er mit allem in einem übergeordneten Energiefeld zusammenschwingt.
- ° Wir achten und pflegen unseren irdischen **Körper** auf allen Ebenen: **Ernährung, Bewegung, Sexualität, Berührung, Energie, Atmung** …
- ° Wir versuchen, wenn immer nur möglich, eine vielperspektivistische **integrale Sichtweise** einzunehmen.
- ° Wir wollen uns weiterentwickeln, unsere Schattenseiten integrieren und unser **Bewusstsein erweitern.**
- ° Wir wollen Lebensfreude, Glück, Lachen, Schwingung, Wärme, Empathie … verschenken und **mit allen teilen.**

Zum Abschluss des Tages wird jeder von euch einen inspirierenden Text unseres Freundes Amor erhalten. Bitte lest ihn vor dem Einschlafen durch. Am besten im Anschluss an euren Tagesrückblick auf die inneren und äußeren Geschehnisse von heute und wie ihr sie auf allen Ebenen erlebt habt. Das Los hat entschieden, wer welchen Text erhält. Pietro bekommt dazu noch einige Tipps von mir. Danke und bis morgen.“

Randy und G-Woman, wie Gertrude auch genannt wurde, nahmen sich an die Hand und machten sich zu einem Spaziergang in den Wald auf.

AMORs TEXT I: AM ANFANG

„Am Anfang war das Absolute absolut. Dann sah es sich irgend-
wann selbst als Punkt. Und nun wollte das Absolute sich selbst kennen
lernen. Der Punkt erweiterte sich nach rechts und links, nach oben
und unten, nach hinten und vorne in den Raum. Raum, aber auch Zeit
und Lebenswillen waren geboren. Eine Kugel war entstanden. Der
Strom des Lebens war seiner Quelle entsprungen und befand sich nun
innerhalb dieser Kugel.

Die Nässe des Lebensstromes ist die wahre Liebe. Seine drei Arme
spielen das Freudenspiel des Lebens, bestehend aus Lebenswillen, Lebensvielfalt im Raum und Lebenskreativität in der Zeit. Die Arme haben verschiedene Qualitäten und unterschiedliche Farben. Sie ermöglichen ein universelles, multiperspektivisches Bewusstsein, das sich in
die Zukunft und aus der Zukunft entfaltet. Ein Arm des Stromes ist
gelb und braucht die Freiheit. Der zweite ist blau und lebt von Beziehungen auf Basis von Gleichheit, von Gleichberechtigung. Der dritte
Arm ist rot und sein Wesen erstrahlt Menschlichkeit. Brüderlichkeit
oder Geschwisterlichkeit wird oft gesagt, aber es gilt für alle Menschen, nicht nur Blutsverwandte. Dabei schimmert bei jedem Arm an
dessen Ufer etwas von der Farbe und Qualität der beiden anderen
durch.

Im Lebensstrom gibt es eine Strömung und die heißt ‚Ich‘. Sie kann
sich frei innerhalb der Kugel, in der Vielfalt des Seins und des kreativen Werdens, bewegen. Sie fühlt sich zu ihrer Mitte hingezogen. Dieses Ich kann Verbindung mit seinem ‚wahren Ich‘ aufnehmen, das Teil
der Kugel ist. Gelingt dies, ist das Ich mit der Kugel durch den Strahl
wahrer Liebe verbunden, der alle Farben in sich vereinigt. Das Ich
kann jetzt sagen ‚Ich bin‘. Es ist aufgewacht im zeitlosen Jetzt.

Alle Perspektiven der Ganzheit spiegeln sich in der Ich-Strömung.
Nur hat diese das vergessen und nimmt oft nur noch die Farbe der
eigenen Persönlichkeit wahr. Diese Strömung kann als eine Art Samen

gesehen werden, zugleich transpersonal wie auch personal-individuell und sozial. Diese drei Perspektiven können als drei übereinanderstehende Tetraeder dargestellt werden. Die Kanten der Tetraeder symbolisieren die Arme des Lebensstromes. Die gemeinsame Achse, die durch deren Spitzen verläuft, ist der Strahl der wahren Liebe.

Diese Achse hat das Potential, das Ich mit dem Absoluten zu verbinden. Voraussetzung ist, dass es sich der Kanten und ihrer spezifischen Missionen bewusst wird und dass sie sich in einem gemeinsamen Ich-Anliegen im Liebesstrahl vereinigen. Drei werden zu Einem und begegnen so dem ‚wahren Ich' des Menschen, das Teil des Absoluten ist."

AMORs TEXT II: LIEBE

„Stellt euch das Leben vor, wie es sich in zwölf Schritten auf sechs Ebenen entfaltet. Zuoberst ist die bedingungslose Liebe, die sich bis in den hintersten Winkel des Lebens ausbreiten möchte. Sie ist aber darauf angewiesen, dass sie erwünscht ist und ihr überall ein leerer Platz eingeräumt wird. Auf der zweiten Ebene kann sie sich durch den Lebenswillen, die Lebensvielfalt und Ideen sowie Kreativität äußern. Auf der dritten Ebene tritt sie als beobachtender, stiller Zeuge auf. Auf der vierten als Denken, Fühlen und Wollen im Seelen-Selbst, in den Beziehungen im Sozial-Selbst und im Spüren im Körper-Selbst. Auf der fünften kann sich die Liebe äußern, wo der Wille zur Tat übergeht. Auf der untersten Ebene bleiben der Liebe dann noch die Schritte durch die gesellschaftlichen Bereiche der Kultur, des Rechtslebens und der Wirtschaft. Dorthin zu gelangen, ist für die wahre Liebe am schwierigsten. Es heißt, die Bedürfnisse der Anderen selbstlos zu erfüllen ... brüderlich, geschwisterlich, solidarisch. Auch im Bereich der Wirtschaft ist der Egoismus zu überwinden.

Ich möchte euch noch etwas über Zeit und Liebe sagen. Zeit entsteht durch das Denken von Grenzen. Zeit ist etwas, das wir erleben, nachdem wir in unserem Leben, durch unsere kognitiven Prozesse, ein subjektives Ich als Erfahrungsbasis entwickelt haben. Kleine Kinder leben in der unmittelbaren Gegenwart. In den ersten einundzwanzig Jahren des Lebens wächst dieses Ich, so wie auch der Körper zur vollen Reife heran. Der Mensch braucht dazu Liebe, die ihm mal mehr, mal weniger geschenkt wird. Im zweiten und dritten Viertel seines Lebens, also in den zweimal einundzwanzig Jahren bis zu seiner Rente etwa um das dreiundsechzigste Lebensjahr, gibt der Mensch seinem familiären, sozialen und professionellen Umfeld etwas zurück. Oft mechanisch, unbewusst und reaktiv. Er passt sich an, macht es wie die Anderen oder gerade auch nicht, was aber auch Unfreiheit bedeutet. Dies alles hat mit Liebe nichts zu tun. Er möchte selbstverständlich gelobt werden, auch wenn er eigentlich aus Eigennutz handelt. Mit dem Rentenalter aber, hat er seine Pflicht getan. Jetzt darf er die Zeit nicht verpassen, die Möglichkeiten zu schaffen, dass sich die wahre Liebe als Ausdruck seines Wesenskernes durch ihn offenbart.

Nun möchte ich Liebe noch in Verbindung mit Stein, Wasser und Wein bringen. Liebe äußert sich durch das Ausüben des Guten am Andern. Um das tun zu können, muss der Mensch drei innere Stufen durchschreiten. Zunächst befolgt er äußere Gesetze im Alltagsleben. Das hat schon mit Moses und seinen Steintafeln angefangen. Diese erste Stufe hilft aber nur, auf Erden klarzukommen und nützt uns auf unserem Menschwerdungsweg nichts. Es muss etwas innerlich in Bewegung kommen, wie bei fließendem Wasser. Es gilt, das Gute im Wahren zu erkennen, das Gute, das meiner Mitwelt nützt. Aber das genügt noch nicht. Auf Stufe drei muss ich es auch noch tun. Das Wasser in Wein verwandeln oder anders ausgedrückt: die Hochzeit des Wassers mit dem Wein vollziehen. Wahre Liebe! Das ist es, was ich euch zum Stichwort ‚Liebe' sagen wollte."

AMORs TEXT III: ICH BIN

„Bevor ich was tue, sollte ich mein Bedürfnis kennen, mein Ziel. Was *will* ich erreichen? Dann kann ich mich fragen, was *bedacht* werden muss, damit es Wirklichkeit werden kann. Zu guter Letzt frage ich mich, ob sich mein geplantes Vorgehen stimmig *anfühlt*. Ich halte kurz inne, zentriere mich und handle bewusst im *Einklang* mit meinem Ziel.

Das Thema ‚**3 zu 1**‘ ist zur Genüge bekannt. Aber wie steht es um die Perspektive 1 bis 7?

Wir wollen die energetische Entwicklung einer menschlichen Tat anhand der Zahlen 1 bis 7 betrachten. Wenn wir die seelischen Instanzen Denken, Fühlen und Wollen differenzieren, um sie dann bewusst zusammen zu führen, geschieht dies auf der Basis des Körpers und seiner Lebendigkeit.

1 steht für die Knochen, die Muskeln usw.

2 steht für ätherisch oder vitale Lebensenergien wie Atem, der Blutkreislauf, die Hormone usw.

3 bis 5 für die genannten seelischen Kräfte

6 für ihr bewusstes Zusammenwirken

7 für ihre gemeinsame Tat zum Erreichen des gesetzten Zieles im Geist der Liebe, der Wahrheit.

Ihr kennt mein Lieblingsbild, das Tetraeder. Die Form des Tetraeders kann das eben Gesagte bestens darstellen. Die Basis des Tetraeders steht für die 1. Die 2 stell ich mir als eine auf dieser Basis befindliche Spirale vor. Die 3 bis 5 sind die Kanten des Tetraeders. Die Spitze ist dann die 6 und die 7 die Achse, die diese Spitze mit der Mitte der Tetraederbasis verbindet. Der Kreislauf ist vollständig.

Wenn *eine* seelische Instanz dominiert, handeln wir mechanisch. Wie ein Automat, aus Gewohnheit sozusagen.

Sind *zwei* seelische Kräfte im Spiel, kommt durch dieses Miteinander eine gewisse *Sensibilität* ins Spiel.

Aber erst wenn alle *drei* Energien involviert sind, können wir von aufkommendem *Bewusstsein* sprechen. Arbeiten diese zusammen, jede ihre Spezifizität einbringend, kommt *Kreativität* ins Spiel. Gelingt dies optimal, nenn ich das, wie ihr wisst, den Weg ‚*Liebe*‘ oder des ‚*Ich bin*‘.

‚*Ich bin*‘ heißt, ich bin ‚*in love*‘ mit meinen Mitmenschen, der Umwelt, dem Universum, dem Ganzen. Ich handle dienend, für die Gemeinschaft, für das ‚*Wir*‘. Viele sogenannte „Integrale" sprechen heutzutage fast inflationär vom gehypten Begriff: ‚*Wir*‘. Aber hier muss man aufpassen. Für das ‚*Wir*‘ handeln heißt nicht, die eigene Individualität, die Einzigartigkeit des eigenen Potentials aufzugeben. Gerade diese gilt es zu fördern und zu aktivieren. Sonst besteht die Gefahr, dass das ‚*Wir*‘ nicht Fortschritt bedeutet, sondern ein Abrutschen auf das Niveau einer Ursuppe, ein undifferenziertes Gulasch.

Ein ‚*Wir*‘ in Vielfalt ist anzustreben. Wir wissen, dass auf einer grundlegenden Ebene alles mit allem, als ein Teil des Absoluten, zusammenhängt. Das Urabsolute vor der Evolution kann bildlich als Kreis imaginiert werden.

Jetzt stellen wir uns einen weiteren Kreis vor. Er steht für das Absolute. Sein Mittelpunkt soll unsere Erde sein. Das ‚*Höhere Ich*‘, also das ‚*Ich bin*‘ eines jeden Menschen auf dieser Erde ist ein Punkt dieses Kreises. Lebt der Mensch sein Potential, dann verwirklicht er es durch bewusstes Handeln, dann kann man den Punkt auf dem Kreis mit dem Mittelpunkt durch eine Linie verbinden. Hat man nun einige der ‚*Höheren Iche*‘ als Punkte des Kreises eingetragen, kann man sie ebenfalls mit Linien verbinden. Je mehr die Zahl der ‚*Höheren Iche*‘ zunimmt, desto mehr nähern sich diese verbundenen Linien der Kreisform des Urabsoluten an. So können wir den Kreis des Absoluten mit den Individualitäten in Entwicklung in ihrer Vielfalt darstellen. Die Multiperspektivität. Die differenzierte Ganzheit. Ab einem gewissen Punkt kann unser Auge beide Kreise äußerlich nicht mehr unterscheiden und doch sind sie nicht gleich. Auf dem höchsten Bewusstseinslevel, den außer vielleicht den „größten Weisen“ kaum jemand auf dieser Erde erreichen wird, den wir aber möglicherweise nach dem irdischen Tod erlangen, sind wir uns sowohl der eigenen Individualität, des ‚*Ich bin*‘, als auch der Ganzheit bewusst. Erst jetzt könnten wir sinnvoll von ‚Erleuchtung‘ sprechen.

AMORs TEXT IV: VOM DREIKLANG ZUM EINKLANG

„*Tetranthropos* heißt: der ‚vierfache Mensch‘, der Mensch als individuelles, soziales und spirituelles Wesen. Wenn der Mensch es schafft, diese *drei* Aspekte in *Ein-Klang* zu bringen, dann realisiert und entwickelt er seinen Lebenssinn. Das ist der Weg der Liebe in ihrem wahrsten Sinne. Die vierte Dimension des Menschen. Schon Goethe sprach in seinem ‚Märchen‘ von der Liebe als der vierten Kraft. Symbolisch stellen wir das als Tetraeder dar, drei Dimensionen, die sich auf einer höheren Ebene treffen und deren Mittelachse die Liebe ist. Wir sprechen von ‚Integraler Dreigliederung zum Vierten Weg der Liebe'. Von ‚3 zu 1' oder ganz kurz ‚134'.

Stelle dir das Absolute als einen Kreis vor.

Das Absolute ist die latente Vollkommenheit. Man kann auch sagen, es ist die Möglichkeit zur Vollkommenheit aus Sicht des Menschen. Der Mensch ist so beschaffen, dass er ein Arbeiter für das Absolute werden kann. Für diese Arbeit muss sein Egoismus Platz machen für die Manifestation eines Höheren, das durch ihn geschehen will. Regiert sein Egoismus, zieht sich das Absolute zurück.

Wir waren beim Absoluten als Kreisvorstellung. Jedes Lebewesen ist ein Punkt dieses Kreises. Wenn es auf diesem Planeten geboren wird und einen Körper angenommen hat, befindet es sich als Punkt innerhalb des Kreises. Erfüllt es seinen Lebenssinn, steht der Punkt in der Mitte des Kreises und ist mit seinem Wesenspunkt im Kreis des Absoluten durch eine Gerade verbunden, der Achse der Liebe. Bevor dies Realität werden kann, muss der Mensch aber unermüdlich an sich arbeiten, um sich seiner selbst und der zu leistenden Arbeit bewusst zu werden. Er muss bereit sein, manchen Leidensweg auf sich zu nehmen, freiwillig und durch bewusste Entscheidung. Er kommt mit einem Potential auf die Welt, wenn er dieses Potential aber weder erkennt noch erarbeitet, hat er nicht in seiner möglichen Fülle gelebt. Er wird als kurzzeitige Naturerscheinung in die Geschichte des Universums eingehen, mehr aber auch nicht. Der Lebenswille kommt ihm immer wieder entgegen, aber sein eigener Wille muss die Anstrengung auf sich nehmen, seinen Teil am großen Werk zu leisten.

Der Mensch ist keine Einheit von Anfang an, die Einheit, den Einklang muss er erst selbst erarbeiten.

AMORs TEXT V: TEILPERSÖNLICHKEITEN & BEWUSSTES HANDELN

Der Mensch bezeichnet sich als ‚Ich' und fühlt sich als Einheit. Er nennt sich bewusst, aber das bedeutet eigentlich nur, dass er nicht im Koma ist. Wir haben schon gesehen, dass wir schematisch einige Ichs unterscheiden, die er in sich vereint. Diese unterteilen sich wieder in Unter-Ichs und kooperieren je nach Situation. Das geschieht vorwiegend instinktiv, reaktiv, unbewusst und mechanisch. Manche Menschen versuchen, die inneren Stimmen oder Teilpersönlichkeiten, diese Unter-Ichs, in einen Dialog zu bringen, damit sie Kompromisse schließen und bewusster ihre Ziele erreichen können. Statt sich gegenseitig zu sabotieren, können alle Unter-Ichs ihr positives Grundpotential ausleben. Der Mensch erlebt meist nur das größtenteils unbewusste Wirken seiner Teilpersönlichkeiten, die wild und ungeordnet auf die Außenwelt reagieren. Wie oft denkt er, während er im Jetzt was tut, an irgendeine damit überhaupt nicht zusammenhängende Situation in der Vergangenheit, die ihn unangenehm emotional berührt hat oder an seine, der Imagination entspringenden, Ängste in Bezug auf seine Zukunft. Mechanisch gewohnheitsmäßige Gedanken kehren immer wieder und wir nennen dieses Gemisch dann Persönlichkeit. Aber es ist eigentlich eher eine Maschine. Und diese steht größtenteils in den Diensten eines ungesunden Egoismus. Es geht um Macht, Ansehen, Besitz und dergleichen mehr.

Unser wahres *Ich*, manchmal auch Höheres *Ich* oder Selbst genannt, das wir auch mit dem ‚transpersonalen Kern‘ bezeichnen und von dem ich vorhin gesprochen habe, ist dasjenige, das unserem Leben Sinn verleiht, indem es an der Entwicklung des Seins und Werdens teilnimmt. In dessen Dienst stellt sich die wesensgemäße Persönlichkeit. Nur das kommt beim normalen Menschen quasi nie vor. Transpersonal besagt, dass es um die Dimension geht, die über unsere Person und Persönlichkeit hinausgeht. Und was den Kern anbelangt, stelle dir eine Frucht vor. Das Fleisch ist zum Konsum für Tier oder Mensch gedacht, der Kern aber lebt weiter und beinhaltet den Keim für die Zukunft. Bevor der Mensch aber etwas in diesem verändern kann, muss er lernen, sich bewusst, wie von außen zu beobachten und dies auf all seinen Ebenen. Alle Herausforderungen, die das Leben an den Menschen stellt, sind eine Art Nahrung, die verdaut werden will. Es geht darum, diese zu transformieren, statt negativen Emotionen anheim zu fallen, mechanisch zu reagieren und das Ganze dann auch noch als unausweichlich zu rechtfertigen. Herausforderungen sind vor allem auch eine Gelegenheit, sich unseres Lebenszieles zu erinnern und das im Schweiße unseres Angesichts anzustreben, mit Bewusstsein und aktiver Arbeit.

Ich möchte dir anhand eines banalen Alltagsereignisses zeigen, wie du aus einer Herausforderung Energie generieren kannst, die als Treibstoff für deinen geistigen Entwicklungsweg dienlich sein kann. Auf dem Tisch liegt ein Stück Schokolade. Eine Stimme in dir sagt: ‚Hhhmm, lecker Schoki, darauf habe ich Lust'. Eine zweite Stimme sagt: ‚Dieser Zuckerkonsum ist Kacke, es ist in dieser Schokolade kein gesunder Fruchtzucker enthalten, der dir nachhaltige Energie schenken könnte.' Jetzt entsteht in dir ein innerer Kampf. Wenn du dich ihm stellst und die richtige Entscheidung triffst, in diesem Falle der Versuchung zu widerstehen, wirst du Energie erzeugt haben, die dich weiterbringt. Neben den Nahrungsmitteln und dem bewussten Atmen ist dies deine dritte Möglichkeit, Nahrung zu dir zu nehmen. Täglich werden dir unzählige Gelegenheiten geboten dies zu tun.

Wenn ich dich fragen würde, wer du bist, würdest du mir dann antworten wie die meisten Menschen? Etwa folgendermaßen: zunächst nennen sie den Namen ihres Familienclans, dann ihren Beruf, möglicherweise den Familienstand. Vielleicht verraten sie ihr Lebensalter, ob sie Kinder haben, ihr Geschlecht, ihren sozialen Status, ihre Nationalität, welcher Weltanschauung oder Religion sie angehören und manches mehr. Was sagt dies aus? Eigentlich nur, welche Rollen sie in diesem Leben übernommen haben. Eine Aufzählung von Identifikationen sozusagen. In Momenten der Nichtidentifikation, der Stille, des Insichgehens könnten sie einer anderen Wahrheit näherkommen, aber das macht den meisten zu viel Angst. Lieber verteidigen sie Grenzen, jubeln für ihre Nation oder einen Sportverein. Manche sind gar bereit, für ihre Religionsauslegung zu sterben. Das gibt ihnen eine vermeintliche Sicherheit. Und ein Gruppenzugehörigkeitsgefühl. Unbewusste Rollenidentifikation ist die Ursache unzähliger Konflikte, Streitigkeiten und Kriegen. Oft trennen nur Worte, Definitionen die verschiedenen Lager und dies führt zu jahrhundertlangen Feindseligkeiten.

Schnell rutscht man in eine Identifikation. Ich erlebe etwas im Äußeren. Und schon bewerte ich es, negative Emotionen eingeschlossen. Die Gefahr, in die Rolle derer zu verfallen, die man vorgibt zu bekämpfen, zeigen die Beispiele vieler revolutionärer Kämpfer gegen den ‚bösen' Unterdrücker. Haben sie diesen besiegt, unterdrücken sie Andersdenkende mindestens genauso unerbittlich wie ihr Vorgänger.

Kommen wir zurück zur Frage, wer ich wirklich bin. Wenn ich das weiß, kann ich für mich selbst Verantwortung tragen. Dann brauche ich keine Kirche mehr zwischen mir und dem Absolutem, dann brauche ich keinen Politiker mehr zwischen mir als Konsument und den Produzenten in der Wirtschaft. Es kann zu einem selbstbestimmten Dialog zwischen Gleichberechtigten kommen und adäquate Lösungen, die den Interessen beider Seiten gerecht werden, können gefunden werden.

Vergiss nie, jeder erschafft seine Welt mit! Und zwar durch sein Denken. Und dieses Denken baut auf Erfahrungen, Erinnerungen, Wissen, Erziehung, also alles Gegebenheiten aus der Vergangenheit, auf.

Wichtiger wäre die Fähigkeit, im Hier und Jetzt zu leben. Das heißt, verbunden mit der ewigen, zeitlosen Gegenwart zu leben.

Hilfreich dabei sind vier Handwerkszeuge

° die Eigenbeobachtung,
° die Konzentration auf den Atemvorgang,
° das Insichhineinspüren in die Körperempfindungen,
  in den inneren Tastsinn
° und das aufmerksame Wahrnehmen aller Sinneseindrücke.

Dies allein genügt allerdings nicht, denn es vermittelt nur die individuellen Facetten des Seins als Einzelwesen. Die anderen Facetten zeigen sich durch das Bewusstwerden der Verbundenheit mit dem Absoluten, das Absolute-Sein im ‚*Ich bin*', Teil des Ganzen und gleichzeitig das Ganze an sich zu sein. So wie eine Biene zugleich ein Bienenkörper ist und doch aus dem Bewusstsein des gesamten Bienenschwarms heraus handelt. Meine Haare fallen aus, neue wachsen, ich bleibe was ich bin. Bäume sterben, Bäume wachsen, der Wald bleibt was er ist. Allein und All-Eins. Genuss eines Lebens aus dem stillen Urgrund. Man könnte diesen Zustand ‚*Online*-Sein' nennen. Hier liegt die Quelle für wahre Kreativität.

In der Vergangenheit gebahnte, mechanische Gedanken, gewohnheitsmäßige Identifikationen und Wissensanhäufung treten in den Hintergrund, Bewertungen können zurückgelassen werden.

Die Begriffe ‚Licht und Dunkel' können zu deinem besseren Verständnis beitragen. Im menschlichen Leben zwischen Geburt und Tod spielt sich ein Schattendasein ab. Mancher Mensch lebt ohne reales Bewusstsein in Quasidunkelheit. Aber er besitzt prinzipiell das Potential eines Zugangs zum absoluten Licht, das vor- und nachgeburtlich da ist.

Auf das bewusste Handeln im Hier und Jetzt, inspiriert durch das Licht, die Unterstützung aus dem Reich des Absoluten, kommt es an. So entsteht Evolution. Der Mensch muss den Willen aufbringen, sich dafür zu öffnen, diesen Liebesakt zuzulassen. Kann sich schlussendlich durch menschliche Erfahrungen das absolute Licht seiner Selbst bewusstwerden?"

Gedanken können sich für Ideen öffnen
und von ihnen befruchtet werden
oder zu Bewertungen, Bindungen und Identifikationen herabsinken.

Gefühle können sich von Inspirationen nähren
und so zu voller Blüte gelangen
oder in Stimmungen und negativen Emotionen verhaften.

Wille kann den höheren Lebenswillen erspüren
und im Körper die Intuition zur „Menschlichen Tat-Kunst" auslösen oder im Egoismus versinken.

AMORs TEXT VI: AM ANFANG II

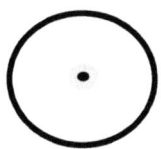

„Am Anfang war der PUNKT, das kosmische Ei, der Evolutionssamen. Das WORT ‚Jetzt' löste einen ENERGIEflow aus.

RAUM und ZEIT entstanden – der PUNKT dehnte sich immer weiter aus zum UniversumsKREIS. Wie innen so außen, wie oben so unten.

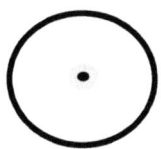

Der MENSCH tauchte aus dem MittelPUNKT auf, als MATERIE im RAUM, den er jetzt ‚mitkrümmt'. Er hat einen materiellen Körper und kann sich so innerhalb des KREISes fortbewegen und hat die Freiheit und die BEWUSSTSEINsfähigkeit verschiedene Perspektiven einzunehmen. Er tut dies als Teil des sich selbst beobachtenden Universums. Viele PUNKTe tauchen im KREIS auf.

Im Laufe der ZEIT und der Evolution werden es immer mehr. Auch das BEWUSSTSEIN dehnt sich aus. Wenn alle möglichen PUNKTe im Kreis, also alle möglichen Sichtweisen von den Menschen BEWUSST eingenommen wurden, kann man den KREIS als schwarz gefüllten KREIS darstellen, bestehend aus einer unendlichen Zahl von PUNKTen.

Eine Darstellung des schwarzen Loches. Er saugt alle PUNKTEe auf und verdampft dann IN LIEBE.

„Am Anfang gab es nur das Absolute Sein. Irgendwie war ihm das auf die Dauer zu langweilig. Das Absolute beobachtete sich und entdeckte das Werden, das ‚Werden im Sein‘. Da war so viel los, dass es bald den Überblick verlor und es drohte, ins Chaos zu stürzen. Es erschuf also den Menschen als Teil seiner selbst. Jeder einzelne Mensch ist wie eine Zelle im Organismus des Absoluten Seins und hat das Potential, sich eines Teils des größeren Ganzen bewusst zu werden. Menschlich gesprochen, könnte man jeden individuellen Menschen eine Teilpersönlichkeit des Absoluten nennen. Dessen Psyche besitzt die Möglichkeit und die Freiheit, die Entwicklung in und um sich herum wachsam zu beobachten und somit immer bewusster zu werden. Der Mensch kann sogar mitgestalten oder im Gegenteil alles unbewusst reaktiv über sich ergehen lassen. Dieses nicht vorhersehbare Geschehen zu beobachten, fand das Absolute spannend und tut es noch heute. Die Vielzahl der Menschen kann man mit der Vielzahl der Sterne im Universum vergleichen. Vieles bleibt bis heute im Unbewussten. Des Menschen Aufgabe ist noch lange nicht beendet.

Die Psyche des Menschen schafft PWC, das heißt einen ‚Perspektiven- und Werte-Cocktail‘. Was sie erlebt und wie sie sich dazu verhält, hängt davon ab, welchen der unzähligen Perspektiven des Seins und Werdens sie sich zuwendet und wie sie diese bewertet. Verabsolutiert der Mensch seine Sichtweise, wie es allzu oft geschieht, dann entstehen Probleme.

Die Beobachtungen sind subjektiv, werden aber als Fakten wahrgenommen, nicht als Prozesse, werden weder in ihrem Beziehungsfeld gesehen noch in ihrem zeitlichen Ablauf.

Die Beobachtung könnte auch alle potenziellen Perspektiven einschließen. Das wäre die integrale Sichtweise aus einer höheren Bewusstseinsebene, die die durch Ort und Zeit gegebene Relativität erkennt und sich so den objektiven Gegebenheiten annähert.

Die Wahl unserer Werte und deren Bewertung ist ebenso subjektiv. Sie hängt mit den individuellen Erfahrungen und emotionalen Erlebnissen eines Individuums zusammen. Je bewusster die Psyche ist, desto fähiger wird sie, die mentale CD-ROM zu wechseln. Das Gehirn ist ein reiner Empfänger, wie ein Radio. Der Mensch wählt, welche

Station er einstellen und hören möchte. Die gesunde Psyche hat die Fähigkeit und im Idealfall die Freiheit, Ideen aus der geistigen Welt zuzulassen oder anzuzapfen.

Die meisten Menschen reagieren auf Geschehnisse wie Kleinkinder, einfach aus dem Gefühl oder aus dem Bauch heraus ... mit Lust oder Unlust, mit Sympathie oder Antipathie und das ihr Leben lang, statt alle Aspekte zu beobachten, zu bedenken und dann bewusst zu reagieren.

Damit entgeht ihnen tatsächlich so manches .... aber unsere Synapsen lieben es, es sich bequem zu machen, sich hauptsächlich auf vergangenes Wissen und Gewohnheiten zu verlassen. Leben im Autopilot Modus. Es sei denn, der Mensch reagiert wach und kreativ.

Das Gehirn ersetzt reaktiv nicht plausible Informationen durch Vertrautes. Information, der man vertraut, kann, und dies ist wissenschaftlich nachweisbar, Realität verändern und sogar Materie gestalten. Allein schon die Beobachtung verändert die Realität. Die berühmte ‚Schrödingers Katze'. Wir können mit Recht fragen ‚Wie wirklich ist die Wirklichkeit?'"

TIPPS

° Tu, was du wirklich willst, das ist deine Lebensaufgabe. Diene deinem höchsten Willen, sei ein wahres Individuum - denke, fühle und folge dem Wollen deines Gewissens, bevor du handelst.
° Lebe in der Wirklichkeit im ‚Hier und Jetzt' ohne Illusionen. Vermeide Negativität und freue dich am Positiven.
° Agiere möglichst bewusst und verfalle so wenig wie möglich in Identifikationen und Projektionen.
° Vertraue auf dich selbst und auf das Universum, sei mit ihm in Liebe verbunden.
° Beobachte dich selbst auf allen Ebenen, so oft du kannst – physisch, psychisch, spirituell und sozial.
° Vermeide negative Emotionen wie Ärger, Jammern, Eifersucht, Neid ..., sei positiv und lächle die Welt an, denn ihre Herausforderungen sind geschenkte Chancen.

° Unterlasse rechtfertigende Erklärungen, mache es nächstes Mal einfach besser, lerne deine Schattenseiten kennen.

° Bedenke alle möglichen Perspektiven, bevor du handelst, so wirst du frei und erkennst alle deine Möglichkeiten.

° Schaffe freien Platz in deinem Inneren und höre mit offenen Ohren, so wirst du wissen, was die Zukunft von dir will.

° Vergiss nie, dass du selektiv wahrnimmst, nur einen Bruchteil der Gegebenheiten im riesigen Universum verarbeiten kannst und deine subjektiven Bewertungen deine Realität mitformen – ebenso ist das bei all deinen Mitmenschen. Dies erschwert einen unvoreingenommenen Austausch zwischen euch - es kann zur Quelle von Energieverschwendung und unnötiger Auseinandersetzungen werden. Die Wirklichkeit ist, wie sie ist und du kannst sie nicht verändern; was du im Anderen siehst, bist du womöglich selbst.

Alfred Groff

www.alfredgroff.com, alfredgroff@hotmail.com

https://www.autorenlexikon.lu/page/author/105/10580/DEU/index.html

Psychologe, Dr.phil.

(Uni Salzburg – SUNYA New York),

Psychotherapeut

(Luxembourg / 2016.12.016 / PSYCHO),

Autor, Bewusstseinsarbeiter und Impulskünstler

SACHBÜCHER zum Thema „MENSCH"

"Ich bin" Tetranthropos, der bewusste Mensch

Transpersonale Weisheit, dreidimensionale Dreigliederung und integrale Politik

288 Seiten / ISBN-13: 9783848225873 / Verlag: Books on Demand
https://www.bod.de/buchshop/
ich-bin-tetranthropos-der-bewusste-mensch-alfred-groff-9783848225873

in ENGLISCH: https://www.bod.de/buchshop/

i-am-tetranthropos-a-conscious-human-being-alfred-m-r-groff-9783752643640

ROMANE zum Thema „MENSCH"

Mensch, Mensch

Dreigliederungs-Roman über Freiheit, Frieden und Liebe

332 Seiten / ISBN-13: 9783746091389 / Verlag: Books on Demand

https://www.bod.de/buchshop/mensch-mensch-alfred-groff-9783746091389

Ich bin, Mensch

Tetraeder-Roman über Geburt, Tod, Zeit und Zukunft

264 Seiten / ISBN-13: 9783752609493 / Verlag: Books on Demand

https://www.bod.de/buchshop/ich-bin-mensch-alfred-groff-9783752609493